现代教育理论
学校教育的原理与方法

鲍道宏 ◎ 著

华东师范大学出版社

目 录

第一章　　教育及其构成要素　1
　　第一节　教育的特征与内涵　1
　　第二节　教育的构成要素　7
　　第三节　教育诸要素间的关系　11

第二章　　教育的起源与演变　17
　　第一节　教育的起源　17
　　第二节　近代教育　23
　　第三节　现代教育　30

第三章　　教育与社会　40
　　第一节　教育与政治　40
　　第二节　教育与经济　45
　　第三节　教育与文化　48

第四章　　教育与学生个体发展　54
　　第一节　教育的生理基础　54
　　第二节　教育与儿童发展阶段　59
　　第三节　教育与个体差异　67

第五章　　教育与教师发展　75
　　第一节　教师专业基础　75
　　第二节　教师专业发展　83
　　第三节　教师专业发展意义　90

第六章　　学校课程　96
　　第一节　课程与课程分类　96
　　第二节　课程目标与内容　103
　　第三节　课程实施与评价　122

第七章　教学原理与课堂教学　129
　　第一节　教学的概念　129
　　第二节　教学设计　136
　　第三节　课堂教学的一般过程　141

第八章　班级管理与学生发展　149
　　第一节　班级管理概述　149
　　第二节　班级管理　160
　　第三节　班级变革　167

参考书目　175

跋　180

第一章　教育及其构成要素

学习教育学的人,考究"什么是教育"与"教育是什么"。这些在行外人听起来多少有些造作的问题,并不真的是庸人自扰、死抠字眼或故弄玄虚。事实上,前者是探讨教育的特征,后者是审察教育的内涵。当我们从一个用一般意义、生活意义谈论"教育"的人,努力转变为以专业的观点、专业的立场研究"教育"的专业人士的时候,这就是必要的起步。比如,很多关于"教育"的争论,实际上就是因为有人在谈"教育"的特征,而另一些人却在谈"教育"的内涵。他们各自以为不能接受对方的观点,只有自己才正确,却不知两人谈论的虽是同一个对象——教育,但却是教育的不同方面。

第一节　教育的特征与内涵

一、教育的特征

学习教育理论的人,首先遇到的一个问题就是"什么是教育"。

当我们追问"什么是教育"的时候,我们是想在纷纭的万千世界中,找到我们要讨论的对象,要把握它的特征。也就是说,哪一类现象或是事物,是我们要讨论的。这一问题解决了,我们开始讨论,就不至于在起步的时候,在源头上出问题,而弄到差之毫厘、失之千里的境地。

那么,什么是教育呢?

我们首先承认,这是一个非常麻烦的问题,但也是一个绕不过去的问题。英国教育哲学家谢弗勒(I. Scheffler,1960)在其名著《教育的语言》一书中探讨了三种概念定义:规定性定义、描述性定义和纲领性定义。他指出规定性定义"就是作者所下的定义,要求这个被界说的术语在后面的讨论中始终表示这种规定的意义"[①]。本书中,我们绕开复杂的概念讨论问题,直接使用"教育"的规定性定义。但我们使用规定性定义

[①] 瞿葆奎主编,瞿葆奎、沈剑平选编:《教育学文集·教育与教育学》,人民教育出版社1993年3月版,第32页。

不是可以没有根据地对概念定义进行"规定"。只是这个"根据"的讨论,可能会分散很多精力,而这种讨论与本书的写作目的可能相距较远,便直接"拿来"使用。

我们认为:"教育是有意识地以影响人的身心发展为直接目的的社会活动。"①

这句话包含几层意思。首先,教育是一种社会现象,即只有人类社会才有教育,动物界没有教育。然而,人类社会活动也是千姿百态、千差万别的。人类社会的哪些活动才是教育活动呢?根据上述定义,我们可以说,只有人类活动中那些影响他人身心发展的活动才有资格称为教育。但是,读者稍加思考便会提出疑问,即便在人类社会活动中,影响他人身心发展的活动,也是不可胜数。其次,举例而言,一位乡下屠夫日日杀猪卖肉。由于杀猪对邻居的孩子具有足够的吸引力,并常常引来孩子们围观。日复一日,这些孩子不但不知不觉中知道了一些猪的身体解剖结构方面的知识(也许年龄过小的孩子还说不清楚,但他们实际上已经隐隐约约掌握了大概),而且,面对这样血腥残暴的场面,久而久之,孩子的心肠也会变硬,变得冷酷,变得对生命的消逝有些麻木。这就意味着,这位屠夫宰杀生猪这一社会活动,的的确确"影响了"邻居孩子们的"身心"发展。那么,这一活动能否称之为"教育"呢?

答案显然是否定的。如果把这一类社会活动也当作"教育"对待,那么,实在不知道社会活动中还有什么不能算"教育"活动了。但是,同样是"杀猪",历史上还有一个有名的杀猪的故事,那里的"杀猪",却有了"教育"的意味。这个"杀猪",就是著名的"曾子教子"的故事。②

故事是这样的:

> 曾子的妻子到集市上去,他们的儿子跟在妈妈后面哭。曾子的妻子就说:"你回去吧,等我回来以后,给你宰一头猪吃。"
>
> 妻子从市集上回来了,曾子要捉一头猪来杀。他妻子马上阻止说:"我不过跟孩子开个玩笑!"
>
> 曾子说:"可不能跟小孩开玩笑啊。孩子小,把父母当作学习榜样,听从父母

---

① 这是叶澜教授的观点,笔者在这里直接引用。参见叶澜著:《教育概论》,人民教育出版社2006年6月版,第10页。
② 曾子之妻之市,其子随之而泣。其母曰:"女还,顾反为女杀彘(zhì)。"妻适市来,曾子欲捕彘杀之。妻止之曰:"特与婴儿戏耳!"曾子曰:"婴儿非与戏也。婴儿非有知也,待父母而学者也,听父母之教。今子欺之,是教子欺也。母欺子而不信其母,非以成教也。"遂烹彘也。(《韩非子·外储说左上》)

的教导。现在你欺骗他,这就是教孩子撒谎。做母亲的欺骗孩子,孩子就不会相信母亲,以后就难以教导他了。"于是就把猪杀了,用开水烫起来。

同样是"杀猪",为什么前者不能称之为"教育",而后者又可视之为"教育"呢?原来,前面的"杀猪",虽然影响了邻居孩子们的身心发展,但这不是屠夫的本意,他的本意是"杀猪卖肉,挣钱养家"。而曾子杀猪,却主要是考虑到"今子欺之,是教子欺也"。就是说,"现在你欺骗他,这就是教孩子撒谎"。为了避免这样糟糕的结果,教育孩子做人要诚实,要守信用,曾子就把猪杀了。杀猪的直接目的,就是为了正确地影响孩子,可视作直接的教育。

看来,一项活动能否被称为"教育",不能仅仅看它对他人的身心发展是否产生影响,而更应该看,从事这项活动的人,他的主观意图是否以影响他人的身心发展为直接目的。如果活动者以影响他人身心发展为直接目的,这项活动就是"教育"。反之,即使这项活动实际上影响了他人的身心发展,但由于"影响他人身心发展"不是活动者的直接目的,甚至根本就不是他的目的,那么,它就不能被称之为"教育"。这是纷繁的社会现象中区分"教育"与"非教育"的根本标志。

二、狭义教育与广义教育

教育实际上又有"广义教育"与"狭义教育"之分。那么,"广义教育"与"狭义教育"的区分在哪里呢?我们还是以"杀猪"为例来分析这个问题。

曾子以"教孩子不说谎"为目的,毅然杀猪。于是,这一"杀猪"的社会活动就成了以影响他人身心发展为直接目的的"教育"活动。那么,我们再看,学校里面一堂生物课,教师讲授的是"猪的解剖"。在这堂课上,教师也可能会解剖一只猪。显然,这一过程中,教师的直接目的是要教给学生有关猪的解剖结构知识,甚至学会解剖,要培养学生一丝不苟的科学精神。显然教师是以影响他人(学生)身心发展为直接目的的,当然属于"教育"的范畴。但是,明眼人一看便知,这里教师解剖猪,从根本上说,也是"杀猪",但又与曾子杀猪有明显区别。应该说,两者相同之处都是"杀猪",都是以"影响他人身心发展"为直接目的。不同之处在于,曾子"杀猪"完全是一件"意外"事件、突发事件。事件不但出乎曾子妻子意料,也不是曾子"计划好"的活动,出乎曾子意料。妻子上街赶集,孩子吵着要跟妈妈上街,妈妈出于"无奈"而哄骗孩子,偏偏被十分较真的曾子听见了,看到了,于是才有了这意外的"杀猪"。与此完全不同的是,生物课上的教师,他对猪的解剖,却是根据明确的"课程目标",按计划、有组织地进行的。

教育学上,一般把那种偶发的、随机的生活中的"以影响他人身心发展为直接目的"的活动,叫做广义的教育;而把那种有目的、有组织、有计划的"以影响他人身心发展为直接目的"的活动,叫做狭义的教育。

狭义教育一般就是指"学校教育",有时又简称"教育"。

可是,现代社会中,学校教育也分化剧烈、范围很广。既有大学教育、中学教育、小学教育和学前教育的区分,也有普通教育、特殊教育及职业教育的区别。本书在不加特别说明的时候提到的"教育",即指"普通中小学教育"。

从教育发展史角度看,广义的教育在前。这种融于生活的教育,产生于人们的生存需要与追求更加美好生活的需要,是教育最本真的形态。随着人类社会发展、物质财富累积,为教育专业化发展提供了可能。社会生活、生产方式不断复杂,又为教育专业化发展提供了不竭的动力。在这双重力量的推动下,学校教育开始从社会生活中不断地完善与壮大,学校教育规模在扩大,制度化程度在加强,教育的目的、内容、手段与方式都得到充分的发展。

随着学校教育制度化程度不断加深,学校逐渐演变成一个相对独立的社会系统,这虽是所谓"教育进步"的表现,但正由于这一原因,现代教育开始"脱离"社会生活,由此衍生的问题正是摆在现代人面前亟待解决的所谓"现代教育病"。人们在解决现今狭义教育问题的时候,也许可以从广义教育的形态中找到一些启发。

三、教育的内涵

当我们提问"什么是教育",并经过一番讨论形成一个结论之后,似乎已经把问题解决了。在这样的背景下,猛然冒出"教育是什么"的发问,似乎让人感到有点故弄玄虚的味道,其实不然。

当我们从追问"什么是教育"开始,我们最终得到的结论,只能帮助我们在纷繁的社会现象中辨认出哪些社会活动属于"教育"活动的范畴。可是,当我们走近"教育"的时候,实在还有对它"深入"考察一番的必要。这样,我们可以更清楚地认识,教育有哪些构成要素,这些构成要素之间的基本结构及运作关系。这样的了解,对一个从事教育活动的人来说,实在是必不可少的。

教育是一项有意识的活动,那么,这项活动的影响必然就有好与坏的问题。这个问题非常复杂。因为,谁来衡量教育的好与坏呢?衡量教育好与坏的标准是什么呢?

人类历史发展表明,不仅衡量教育好与坏的衡量者,"你方唱罢我登场",没有办法始终如一,就是衡量教育好与坏的标准,也是时有变化,莫衷一是。有时候,人们还真被这复杂的问题弄到晕头转向的地步。

但是,虽然衡量教育的主体,以及衡量教育的标准都在变化,但这变化之中也有相对稳定的东西。我们认识"教育",就既要看到"变",又要看到"不变"。在"变"中看到"不变",在"不变"中看到"变"。这不是在玩弄文字游戏,而是认识教育这样一个复杂的人类社会活动时,必须要具有的复杂视野。

从有文字记载以来的史料看,我国古代教育以"化民成俗"①为努力方向。我国古代典籍《大学》上也讲:"大学之道,在明明德,在亲民,在止于至善。"孟子也以"明人伦"为教育宗旨。② 以至于著名教育学家陈桂生认为,中国"整个古代教育基本上以'明人伦'为价值取向"③。

在西方,情况大抵也如此。古希腊"三杰"也都表达过类似的观点。苏格拉底与柏拉图把正义看做"教育的总目的"④。亚里士多德认为:"有三件事能使人善良而有德行,这些就是天性、习惯和理性。""由于天性、习惯和理性不能常常一致,这就必须使他们相互调和。"除了立法外,"其他都是教育的工作"⑤。

但是,18世纪中期工业革命之后,科技发展速度加快,工业生产规模迅速扩大。一方面,科技发展促进了知识生产。人类知识累计的总量正以惊人的速度扩张。研究表明,近百年来,知识增长的速度越来越快,知识正呈几何级数"爆炸性"增长。另一方面,现代工业发展,对具有现代知识的工人、工程技术人员与管理人员的数量需求越来越大,对这些人员的知识水平的要求也越来越高。在这一背景之下,教育正从注重德行的教育,向着注重知识的方向急速转变。在这样的转变过程中,"好教育"的标准不断地受到修改。近代以来的教育发展,正在总体上加剧着这一演变的趋势,而非相反。

当然,情况并非这么简单。面对现代教育不断加强的"背离"教育本义的倾向,教育学家们不断作出积极的抗争。17世纪英国的教育家洛克(J. Locke,1632—1704)

---

① 语出《礼记·学记》:"君子如欲化民成俗,其必由学乎。"
② 语出《孟子·滕文公章句(上)》。
③ 陈桂生著:《普通教育学纲要》,华东师范大学出版社2009年1月版,第9页。
④ 张法琨选编:《古希腊教育论著选》,人民教育出版社2007年3月版,第66页。
⑤ 同上书,第277页。

提出"绅士教育"①,18 世纪法国教育家卢梭(J. J. Rousseau, 1712—1778)提出"自然人"教育②,19 世纪德国教育学家赫尔巴特(J. F. Herbart, 1776—1841)提出"德行是整个教育的代名词"③。现代教育开创者杜威(J. Dewey, 1859—1952)更提出"教育即生活,教育即成长",把"民主的生活方式"和"科学的思想方法"作为教育的目的。④ 我国教育学家陶行知先生概括教育"千教万教教人求真,千学万学学做真人"的一句名言,同样反映了这一主张。

1972 年 5 月,联合国教科文组织国际教育发展委员会主席埃德加·富尔向联合国教科文组织总干事提交了一份极为重要的报告——《学会生存》。在这份报告书的"序言"中,富尔深刻地指出:"要使科学和技术成为任何教育事业中基本的、贯彻始终的因素;要使科学与技术成为儿童、青年和成人设计的一切教育活动的组成部分,以帮助个人不仅控制自然力和生产力,而且也控制社会力,从而控制他自己、他的抉择和他的行动;最后,要使科学和技术有助于人类建立一种科学的世界观,以促进科学发展而不致为科学所奴役。"⑤这份著名的报告书还指出:"把一个人在体力、智力、情绪、伦理各方面的因素综合起来,使他成为一个完善的(completed)人,这就是对教育基本目的的一个广义的界说。"⑥

可以说,一方面,知识教学在现代教育中的地位不断凸显。另一方面,教育学家对这一倾向过度化所可能隐含的危机的批判、反抗也从来没有停止过。

当代,随着知识爆炸、人口激增、环境污染、国际竞争加剧、资源日益枯竭以及核战争威胁,教育如何应对时代挑战,成为各国政府及联合国教科文组织共同关注的焦点问题。教育在面对时代的挑战与人的永恒发展的主题时,的确时时面临着在"十字路口"徘徊的痛苦。但是,终身教育、学会学习、学习化社会、全纳教育、全人教育,这些此起彼伏的教育思潮,都在充满智慧又坚韧顽强地探寻着"现代教育的应有之路"。公平、正义,民主、博爱,这些普世价值,也正逐渐凝聚成现代教育之魂。"好教育"及其标

---

① [英]洛克著,傅任敢译:《教育漫话》,教育科学出版社 1999 年 9 月版。
② [法]卢梭著,李平沤译:《爱弥儿》,商务印书馆 1978 年 6 月版。
③ [德]赫尔巴特著,李其龙译:《普通教育学·教育学讲授纲要》,浙江教育出版社 2002 年 4 月版,第 213 页。
④ [美]杜威著,王承绪译:《民主主义与教育》,人民教育出版社 2001 年 5 月版,中译者序,第 22 页。
⑤ 联合国教科文组织国际教育发展委员会编著,华东师范大学比较教育研究所译:《学会生存》,教育科学出版社 1996 年 6 月版,第 9 页。
⑥ 同上书,第 195 页。

准,在起起伏伏中,依然顽强地坚守着,坚守着那种可以被称为"教育本质"的东西。

我国台湾学者贾馥茗教授对教育这一属性概括,有一段极为精炼的话。她认为:"教育的适应性见于教育的发生、发展与演进;教育的不变性决定于教育以人为依归,必须教人成为人,以发展人性、培养人格、改善人生为目的。""在教育的变化中,即有一个中心原则,从其中可以看出万变仍然不离其宗。这便是教育的主体——人。"①

第二节 教育的构成要素

我们探讨教育活动的构成要素,不妨还是从上节中"教育"的定义及相关论述出发。我们知道,"教育是有意识地以影响人的身心发展为直接目的的社会活动"。那么,我们自然可以追问:谁的"直接目的"?用什么"影响"?"影响"谁?沿着这样的思路,我们可以把握住教育的构成要素。

一、教师

在能被称为"教育"的活动中,究竟是谁"有意识地以影响人的身心发展为直接目的"呢?这个问题看似简单,其实还是非常复杂的。从现代社会看,国家政府(或执政党),显然是发出这个"目的"的人。但是,他们的目的主要是写在相关政策文献中,融贯在教科书中。相对来说,是以一种间接的方式出现的。真正直接表达"教育"过程中自己的"直接目的"的,主要还是校长和学校教师。他们以一种非常直接的方式,表达自己的"直接目的"。学校教育中,最基本、最常见的形式,就是"课堂教学"。无疑,在课堂教学中,表达自己"直接目的"的人,就是"教师"。至此,我们可以说,教育活动的基本要素之一,就是"教师"。

因此,从宽泛的意义上说,教育的要素之一,是"教育者",从狭义上说,从学校教育上说,就是"教师"。

我们不能设想,教育活动中没有教师参与。也许有人会提出,学生"自习"的时候没有"教师"在场,这样的活动算不算"教育"?如果算,这里不是没有"教师"吗?一个"要素",在有些情况下可以缺位,还能称之为"要素"吗?

---

① 贾馥茗著:《教育的本质——什么是真正的教育》(第2版),世界图书出版公司北京公司2006年12月版,第221页。

如果这场"自习"是在学校里进行的,是一节课,那么,它的地点、开始、结束的时间,甚至学生学习的方式、内容,必要的时候,还有如何与教师沟通等等,都是由教师或明或暗"安排"的。当然,这种"安排",有时候是通过学校制度实现的,有时候是教师口头传达的。不管怎样,这样的"自习"仍然是教师"有意识的"安排的、以影响学生身心发展为直接目的的一种活动。与正常课堂教学唯一不同的,只是教师没有亲临现场而已,在现场,"教师"隐身了。但是,有过教育经历的人都知道,"隐身"的教师,事实上根本没有离开这一活动。

如果一个社会人士,为了自己的目的,自我要求在某一时间,以某种方式学习特定内容,他的行为完全由自己支配并自己负责。这一活动已经不符合我们对教育所下的定义,在我们看来,它完全没有教师参与,就不是"教育"活动。显然,不能根据这个不是教育的"活动",否定"教师"是教育活动的要素。

作为教育活动要素的教师,他的素养[①]决定着教育活动的质量。正是基于这个意义,当年初任清华大学校长的梅贻琦教授在自己就职演讲中提到:"所谓大学者,非谓有大楼之谓也,有大师之谓也。"大学如此,中小学情况亦然。高质量的教师队伍,是高质量的学校教育的基础与保证,也是教育诸要素中最具影响力的因素。虽然,由于现代生活内容日益复杂,科技水平越来越高,导致现代学校教育对精密实验设备、器具等要求越来越高。但是,从根本上说,教师的质量仍然是教育活动质量高低的决定因素,这一点没有改变。

二、教育资料

我们讨论第二个问题,在"教育"过程中,教师用什么来"影响"?很多读者可能不假思索地说用"知识"。这个答案好像正确,其实存在很多问题。

其一,说教师用"知识"影响学生,这在当代社会,固然是抓住了要害。从某种意义上说,没有"知识",就没有现代学校教育。当代教育提出的"终身教育"、"学会学习"等理念与举措,主要也就是应对迅速增长的"知识"给现代人带来的挑战,由此可见"知

---

① 有关"教师素养"的论述,国内外教育学界论述甚丰。卜玉华博士提出,教师素养包括"基础性素养"、"共通性专业素养"、"核心学科教学素养"和"教育实践素养"层层递进的四个层次组成的四大部分。参看杨小微主编:《教育学基础》,华东师范大学出版社 2010 年 6 月版,第十章。

叶澜教授认为,对于在职教师而言,完善"教师素养"不能仅靠教师职前教育,"学校研究性变革实践"是教师职后发展中将教师综合素养转化为真实教育力量的基本途径。参看叶澜著:《"新基础教育"论——关于当代中国学校变革的探究与认识》,教育科学出版社 2006 年 9 月版,第 256—271 页。

识"在现代学校教育中的突出地位。因此,我们承认,说教师用"知识"影响学生,是有相当合理的一面的。

其二,这一说法又难免过于狭隘。我们不难想象,但凡有从事教育工作经历的人都知道,教师不可能只用"知识"影响他人。教育过程中,教师自己的经验、态度、情感等等,都是影响他人的重要资源。事实上,除此之外,学校环境布置、校园文化建设、教室结构、班级组织及师生互动形式等等,无不是"教育者"用以影响他人的重要资源。只是有些人意识到了这些教育的资源,甚至有意加以利用。而有些人却浑然不觉,虽然无意中还在使用着其中这些资源。

我们不妨把这一要素称之为"教育资料"①。"教育资料",就是指以"知识"为核心,融会在教育过程中的一切"教育者""有意识"安排的"以影响他人身心发展为直接目的"的资源。

陈桂生教授对"教育资料"有过深入的研究,他认为,"教育资料"的构成包含以下五个方面:

1. 作为教育工具的文化。比如说文字等的言语符号,数学、物理、化学与生物等学科中的公式、图表等等。
2. 作为教育材料的文化。如信仰、世界观、价值观等。
3. 作为教育手段的文化。如实验手段、现代电化教育手段等。
4. 作为教育组织形式与活动方式形态的文化。
5. 作为教育活动场地、设备的文化。

在众多的教育资料的组成部分中,我们也必须看到,这几个方面在教育活动中,对教育活动发生与发展的意义是不平衡的。其中,"作为教育工具的文化",即我们通常所说的"知识",最具有决定意义。

因此,我们对"教育资料"的认识,既要高度重视"知识"的价值与地位,又要超越"知识",尤其是"书本知识"的局限,以一个更加广阔的视野看待用以影响他人身心发展的教育过程中的这一要素。

三、学生

第三个问题,我们说"教育是有意识地以影响人的身心发展为直接目的的社会活

---

① 陈桂生教授在分析教育构成要素中首次提出的观点。参看陈桂生著:《教育原理》(第二版),华东师范大学出版社 2000 年 3 月版相关章节。

动",自然就会想到这"人"是谁。我们知道,随着教育活动的展开,这一活动的影响也会随之产生。这一影响,或多或少,或明显或隐蔽,凡涉入这一活动的人都会感受得到。不仅教育者明确企图影响的"人"会受到影响,就是"教育者(教师)"自己,也难免要受影响。古语所谓"教学相长"①,就从侧面揭示了这一现象。更何况那些从事教育活动后"更加热爱"或"更加不热爱"教育活动的教师,他们内心世界的变化,很多也是"教育活动"本身影响的结果。此外,偶尔进入"教育"场所的人,与"教育"利益攸关的人,等等,其身心发展也都会受到"教育"的影响。

"教育者",我们已经将其作为教育要素之一。显然,我们不能把"教育者"之外,所有这些受到"教育"影响的"人",都当做教育活动的要素。因为,这些受到教育影响的"人"中,只有教育的直接对象,即教育活动中教育者主观上"有意识地"要对其施加影响的对象,才能作为教育的要素之一。受到教育活动影响,但只是偶尔涉足教育活动,或干脆远离教育活动现场的人,不能纳入教育活动作为其中一个因素加以考虑,更谈不上是教育的要素。现代学校教育中,教育者"有意识地"对其施加影响的对象,通常就是学生。

因此,学生是教育的另一构成要素。

这就告诉我们,一次高质量的教育活动,必须充分考虑"学生"这一要素的状态与特点,必须充分调动"学生"参与。否则,教育活动不可能取得真正的成功。如果我们考虑到"教育是有意识地以影响人的身心发展为直接目的的社会活动",那么,我们还必须把"学生"的身心发展,作为教育活动成功与否最重要的衡量指标。陶行知先生早年提倡"教学做合一",他批评当时(1927年)国内"先生只管教,学生只管受教"的现象,主张"教的方法要根据学的方法,学的方法要根据做的方法"②。把学生放到教育过程中突出的地位。当前课程改革,提出课程教学的最终目的就是"为了每位学生发展"。以叶澜教授为首的"生命·实践"教育学派,呼吁教育教学要高度关注学生的主动性、潜在性与差异性,提出"学生是学习活动不可替代的主体,又是教育活动中复合主体不可或缺的重要一半。没有学生学习的主动性,没有学生在教学中的积极主动参与,教育就可能蜕变为'驯兽式'的活动"。此外,教育者还要看到学生多种发展的可能

---

① 《学记》云:"教,然后知困;学,然后知不足。知不足,然后能自反也;知困,然后能自强也。故曰教学相长也。"可见,"教学相长"的原意,就是指教,会促进教的人反思怎样学;学,能够促使学的人反思怎样教。所以,自己教,也有利于自己学;自己学,也有利于自己教。教与学相互促进。
② 陶行知著:《陶行知全集》(第一卷),四川教育出版社1991年7月版,第125页。

性,所以她提出:"一个真正出色的教师,能教各种类型的学生,并能使他们每一个人都得到可能的发展。"①

除此之外,教育还有哪些要素呢?比如说,现在大家最为关心的"现代教育技术",算不算教育的"要素之一"呢?我们认为,不管"现代教育技术"在现代教育中的地位如何重要,从本质上讲,它还是属于"教育资料"的范畴,不是独立于"教育资料"之外的"独立"要素。依据前文提到的陈桂生教授的观点,它是教育资料中的"作为教育手段的文化"而已。

第三节 教育诸要素间的关系

一、教师与教育资料

教师与教育资料的关系,是从事活动的活动主体与活动的支持条件的关系。对教师而言,必要的支持性条件,是教师教育活动得以开展的基础与前提。古代教育,由于教学内容相对单纯,教学形式相对简单,教育的制度化程度不高,教师对教育资料的依赖程度较低。从《论语》的记载可以看到,孔子教授学生,有时候就在周游列国的路途上。从历史资料中我们还能看到,在一些乡村塾馆,教师只用一间简陋的庙宇,或某一氏族的祠堂,依据自己随意撷取的书本进行教学的画面。先生讲,学生听;先生讲,学生背。这已成为一种习以为常的教育活动形态。近代以来,随着科学技术与生产活动的日益复杂,教育制度化程度也日益提高。近代教育,尤其是现代教育中,教师对教育资料的依赖程度日益加深,这也是有目共睹的事实。

首先,在教师专业素养中,对学科知识素养的要求越来越高。掌握所教学科系统扎实的学科知识,具有娴熟的运用学科知识的技能以及以此处理问题的能力,成为学科教师素养的核心要素。当代教师的职前教育与职后教育,无不将这一点放在重要的位置上。

其次,由于现代交通、通讯技术飞速发展,国际交流和人际交流日益频繁、日益密切,人的活动范围与人的视野都不可避免地呈现出"国际化"的特征。由此带来的信仰纷争,世界观扞格与价值观冲突成为"司空见惯"的生活现象。在此背景下,教师事实

---

① 叶澜著:《"新基础教育"论——关于当代中国学校变革的探究与认识》,教育科学出版社2006年9月版,第221—225页。

上也面临着更多、更实在的价值抉择冲突。

再次,现代教育,由于学科知识累积越来越丰富,越来越复杂,实验手段与现代电化教育手段在教育活动中的作用也越来越重要。在有些学科教学中,甚至出现不可或缺的状况,如物理、生物与化学教育。同时,互联网已经成为现代人必须直面的继"物质世界"与"精神世界"之后的第三世界——"虚拟世界"。所谓虚拟世界,它与物质世界、精神世界一样,其存在本身并非虚幻的,而是真实的。这个世界以现代微电子技术、计算机技术、多媒体技术和网络技术为依托,通过电子计算机和互联网这些物质存在形式展现自身。教师掌握电脑、互联网等应用技术,对做好现代教学具有十分重要的意义。

教育资料中的"教育组织形式与活动方式形态",对于现代教育而言,同样具有不可忽视的重要价值,教师不可对此掉以轻心。不少教师,尤其是"教学成绩"比较优秀的教师,总以为只要自己讲课生动明白、抓住重点,且化解难点、及时巩固,就已经足够了,认为"学生很喜欢我的课",就很满足了。在此情况之下,对"教育组织形式与活动方式形态"的现代变革往往不以为然。事实上,对人的培养,不同的时代既有共同的规范,也有明显的时代差异。在全球化、信息化背景之下,全纳教育、全人教育与人的有个性、主动健康发展的教育,就成为现代教育的基本特征。显然,教师的教学要符合现代教育这些基本要求,就必须更多地关注学生的主动学习、合作学习与探究学习,就必须更多地强调"教育组织形式与活动方式形态"与现代人才培养的适切性。

最后,教育活动场地、设备的文化也是教育得以展开的基本保证。古代教育,或者现代一些经济条件极其落后地区的教育,虽然可以简陋到没有正规的教室,但是,不能没有教育活动的场地。这些因素,虽然可能简陋,却不能缺位。优雅的环境与优良的设备,是优质教育的重要条件之一。尤其是现代教育中很多学科教育,很多活动展开,没有必要的场地、设备,的确举步维艰。这时候,教师对这些教育资料的依赖就表现得极为明显。这也是为什么世界各国争相加大教育投资,建设现代化校舍、场地的重要原因之一。

二、学生与教育资料

教育资料中的文化要素,是学生身心发展最为重要的资源。人类文化积累越丰富,整理得越科学,学生身心得到的发展就越可能充分。学生的身心发展,不能离开这些人类的文化财富凭空发展。知识,是人类社会最为重要的精神文化财富,从某种意义上说,现代学校教育就是因人类知识传承需要而设立的。学生的能力发展、情感熏陶、个性养育与品德涵育,都是通过知识学习而实现的。离开知识发展的学生能力、情感、个性与品德发展,是不能想象的。这是"学校教育"的典型特征。

在教育的过程中,学生发展对教育资料的依赖,也因教育所处的时代不同,而有不同的表现。一般而言,在古代,教育内容相对简单。学校教育的任务,除了完成这些相对单纯的"知识"传承任务之外,主要关注学生品德教育。这样的教育,对教育场地与实验器具要求较低。近代工业社会以来,人文知识日益丰富,科学知识增加突飞猛进,学校教育面临知识传承的任务日益繁重、日益复杂。学校教育对场地要求、实验器具要求越来越高。可以说,学生在某些学科方面长足的发展,必须以一些基本的场地、实验器具为基本条件。如学生篮球、足球技能发展,要求学校必须有篮球、足球活动场所。物理、生物技能发展,学校必须具有相应的物理、生物实验器具。当前学生信息技术能力的培养,就要求学校必须具备基本的电脑与网络设备。

此外,"教育组织形式与活动方式形态"与学生也具有密切关系。以教师讲授、学生静听为主的传统教学形式,当然不利于学生主动精神培养,不利于学生探究精神培养,不利于学生合作意识与能力培养。这种典型的传统"教育形式",更多地有利于培养从思想到行为都"循规蹈矩"的学生。

三、教师与学生

在教育三要素中,教师与学生的关系问题,是最为复杂的问题。教师与教育资料的关系,或者学生与教育资料的关系,都是人与物的关系,关系相对单纯。在教育三要素之间,唯有教师与学生的关系,是人与人之间的关系,两者关系非常复杂。这两者的关系,既有相对稳定的、"实然的"一面,也有"因人、因时而异"产生的"应然的"一面。[①] 在一些不注意"实然的"描述与"应然的"阐述区分的作者那里,这一问题被弄得尤为混乱。

首先,从"实然的"一面看,教师与学生的关系是人与人之间的关系。这种关系,在不同的国度或地区,不同的时代,其含义又有很大区别。有时亲如父子,有时形同手足,有时又形同路人,甚至针锋相对。在我国教育发展的历史长河中,师生关系基本可以用"尊师重教"加以概述。加之我国教育观念主要以"上所施下所效"的教育观念占

---

① "实然的",是指"实际存在的状况",它的存在状态不因为我们愿意不愿意、喜欢不喜欢,总是如此。"应然的",是指"某些人(或某个人)认为应该如此的",体现的是某些人的主张。

主流，师生关系中，以师为尊是基本状况。统治者宣扬"天地君亲师"的排位中，"教师"居于"天、地、君、亲"之外人际关系的显赫地位，不可谓不高。即使有人认为，这里的"师"实际上偏向于指当时的一些"硕学鸿儒"，较少地指一般意义上的"教师"，但多少还是可以从中窥见一些社会尊师的风尚。此外，民间流传所谓"一日为师，终身为父"的熟语，也反映出这种根深蒂固的文化观念。这些观念，再结合中国古代以"忠、孝"为核心的价值观念考察，中国古代师生关系这种尊卑之序，就显得尤为明显。中国古代有"君叫臣亡，臣不亡不忠，父叫子死，子不死不孝"的世俗伦理，可知，"一日为师，终身为父"的比喻，固然含有师生关系"亲如父子"温情脉脉的一面，但若以古代"忠、孝"观念衡量，又不能否认其中含有的极不平等的主仆关系的内涵。可见，在中国古代，师生关系一直是尊卑有序的不平等关系。

古代西方教育，情况也大抵如此。只是在西方教育理念中，"教育即引导"的思想源远流长。苏格拉底把教育比喻为"产婆术"，强调教育必须从学生状态出发，必须从学生具有的思想萌芽中找到生长点，从而因势利导。夸美纽斯提出"教育必须适应儿童，而不是儿童适应教育"。近代以来，从卢梭，到裴斯泰洛齐，到蒙台梭利，到杜威，这些教育家不断强调儿童权力，批判成人世界的压迫，鼓吹民主政治，遂在师生关系中推动师生平等的观念。以致当代西方教育，师生关系在伦理上表现出更多师生平等的特点。因此，师生关系作为人与人的关系，其内涵是在不断变化的。

近代以来，尤其是进入20世纪之后，民主、公平、正义等观念广为传播，人际关系主轴以"平等"为特色（趋势），师生关系也因此丕变，师生平等成为对师生关系最典型的表述形式。但是，即使现代，所谓师生平等，也只能是师生之间人权的平等、人格的平等、追求真理的平等。

这当然是极为简单的描述，实际情况远比这些复杂。

其次，中小学教育中，师生关系还是相对成熟的成人与正处于人生发展迅速又关键时期的青少年儿童的关系。成年人相对成熟，未成年人正处于身心发展变化迅速的时期，却又在相当长的时间内（如我国现代，一般在十四周岁之前）[①]，这些未成年的青少年儿童尚不能为自己的行为负责。社会公认，一方面他们不完全清楚自己的行为对

---

① 中华人民共和国《刑法》第十七条规定，已满十六周岁的人犯罪，应当负刑事责任。已满十四周岁不满十六周岁的人，犯故意杀人、故意伤害致人重伤或者死亡、强奸、抢劫、贩卖毒品、放火、爆炸、投毒罪的，应当负刑事责任。已满十四周岁不满十八周岁的人犯罪，应当从轻或者减轻处罚。因不满十六周岁不予刑事处罚的，责令他的家长或者监护人加以管教；在必要的时候，也可以由政府收容教养。

社会、对个人的意义,另一方面,他们还没有足够的自制能力控制自己的行为。所以,《刑法》还规定,"未满十八周岁的公民"在犯罪的时候,法律也会从轻处罚。[①]《刑法》第十九条还明文规定:"学校应当根据未成年学生身心发展的特点,对他们进行社会生活指导、心理健康辅导和青春期教育。"第二十五条规定:"对于在学校接受教育的有严重不良行为的未成年学生,学校和父母或者其他监护人应当互相配合加以管教;无力管教或者管教无效的,可以按照有关规定将其送专门学校继续接受教育。"由此可见,教师不能以教条化的"师生平等"为借口,放弃自己作为"教师"的责任,放任学生的行为。

教师作为成人、作为承担社会托付"教育"未成年青少年儿童责任的专业人员,保护青少年儿童健康成长、促进他们充分发展,是教师的天职。作为现代教育的开创者,杜威也说,"教师是儿童走向天国的引路人"。虽然儿童自己也有责任把握时机,但青少年儿童正处于人生发展由不成熟向成熟过渡的时期,在这一时期,相当大一部分儿童尚不能清醒地意识自己行为的意义、结果,不能为自己的行为完全负责。恰恰又在这一段时间,青少年发展具有很短的关键期。错过这些关键期,很可能就是失去了充分发展的机会,或大大降低其发展的可能。正因为如此,如果教师不为青少年儿童发展负责,引导、帮助青少年儿童健康、充分的发展,或无能力做到这一点,任其偏离正确的人生发展轨道,则都是严重的失职。

再次,教师与学生的关系,还体现在共同教学活动中"教"的主体与"学"的主体之间的关系。教师,教学生学,学生在教师指导下学,这是教学过程中表现出来独特的人际关系。在"教学"这一活动过程中,"教"与"学"的关系并不"平等"。因为,教学总是由教师引起的、组织的、促进学生学习的活动。在这项活动中,教师必然处于主导地位,学生处于被动地位。这不是我们喜欢不喜欢的问题,而是必然如此的问题。我们不能以自己的好恶主观地判断教学过程中的师生关系。但是,我们也承认,教师以什么目的、什么方式发起这场师生间的教学活动,却不是由教师"率性而为"的,必然受到一定国度、一定时代价值观的指导、规范,符合那个时代对教育教学的基本要求,不违背当时社会基本的价值观念。所以说,教师的主导也不是"想怎么样就怎么样",只能是一定社会背景中的"主导"。

我们说师生平等,只是基于现代社会民主理念提出的师生双方在法律、人格层面

---

① 参见《中华人民共和国未成年人保护法·总则》。

的平等,在共同活动中追求真理、表达对真理理解的平等,而非指在这一活动过程中发挥作用的"平均"、"相同"。作为成人、"专业人员",闻道在先,且术业专攻,与未成年青少年儿童比,不可能发挥"相同"的作用。教师是教育活动的发起人、组织者、推动者,在这场活动中,他无疑都应处于主导地位。但是,在具体的教育实践中,教师能否做一个名副其实的教育活动的发起人、组织者、推动者,能否处于主导地位,发挥主导作用,仍然是一个问题。具体情境如何,由很多因素决定。如"文革"时期,学生被一些别有用心的人唆使"造反闹革命",学校秩序完全破坏,教师灰溜溜地"夹着尾巴"做人尚且不得,哪里还谈得上在教育活动中充当"发起人、组织者、推动者"的角色。即便在正常的年代里,教师要能在教育活动中做一个名副其实的教育活动的发起人、组织者、推动者,处于主导地位,发挥主导作用,还要看教师是否具备所教学科扎实的知识、机敏的教学机智、良好的组织管理手段。一般说来,教师在这些方面素质越好,越能发挥好教育活动"发起人、组织者、推动者"作用,越能处于主导地位。反之,必然越难发挥教育活动"发起人、组织者、推动者"作用,越难处于主导地位,直至完全失控。

总之,教师与学生之间的关系,究竟会变为何种状态,是由外部社会环境、内部基础性条件以及具体情境中的"教师"、"学生"各自素质等综合因素决定的。我们熟悉的诸如"教师为主导、学生为主体",或师生关系是"双主体"关系等论述,抛开一般性的学术争论不说,主要是论述者认为"应该如此",而并非实际情境就是这样。教育教学的"实然状态"与"应然状态"如果不能区分开来讨论,在理论上就难有建树,在实践中更会产生很大的混乱。

分析与应用

一、我们不认为那些对社会成员(包括青少年儿童)产生了影响,甚至产生了重大影响的事件或社会行为是教育,比如汶川地震、"9·11"恐怖袭击,为什么?请试作分析。

二、如何理解教育三要素中的"教师"与"学生"的关系?试结合一则教学案例,谈谈处理好师生关系的基本原则。

三、有人把现代教育技术作为教育的要素,你的观点如何?为什么?

四、教育资料包括哪些类别?当今各发达国家为提升本国综合国力,增加本国在世界范围内的竞争力,纷纷加大教育投资。你如何看待这一现象,试作分析。

第二章　教育的起源与演变

本章讨论"教育的起源与演变",主要不是系统地阐述教育起源与演变的相关知识,更谈不上由此探求教育发展的规律,这是教育史研究的课题。本章对"教育的起源与演变"作一鸟瞰式扫描,主要是为读者更清晰地认识"现代教育"提供一个广阔的背景,方便读者从历史的视角审视现代教育的历史继承与当代发展,不至于割断历史孤立地看待现代教育。

第一节　教育的起源

一、教育的起源

作为生物体,人具有其他生物体共同的基本特点:个体自保与种的繁衍。[①] 这是一个物种能够生生不息得以繁衍的前提。生存与繁衍的需要,促使人本能地追逐食品等满足生存的必需品。为此,一切增加人们得到更多食品等生存必需品的行为方式,都会得到人们的重视、珍惜。那么,氏族人群中某些人积累的经验,摸索的诀窍,得到的教训,发现的方法,都会得到氏族社会中更多人的重视。氏族人群为了自身更好地生存发展,也需要尽可能让更多的人知道这些"知识",掌握这些"知识"。这种"有意识地以影响人的身心发展为直接目的的社会活动"的原始教育就在这样人的生存需要中产生了。

教育在起源之初,它的媒介可能是简单的人类语言,也可能是夹杂这种语言的"肢体动作"。不管媒介如何"简陋","教育者(教师)"、"教育资料中的核心要素'知识'"与"教育对象(学生)"等教育三要素都已经具备。但显然,作为原始形态的教育,它没有固定的场所——学校;没有特定的教育者——教师;也没有固定的教育对象——学生。"教育"潜藏在生活中,融贯在人们为生存、为种的繁衍的斗争中。

[①] 这是作者在华东师范大学教育学系攻读教育学原理博士学位时,陆有铨教授在"当代西方教育思潮"课堂上提出的基本观点。本人深以为信。

正是人类个体自保与种的繁衍的本能需要,才推动了教育的产生,并持续推动教育向前发展。

这里所言"教育",可以说,更多是因为陈述的方便。如果以是否具有"学校"形态为标准,在中国历史上,那还是很久以后的事情,即以原始学校——"庠"出现为标志。从当代考古成果看,中国大地上最早的原始人群出现在170多万年前,而"庠"的出现大约只在4000多年前的夏虞之际。① 我们认为,"庠"的出现,不是教育起源的标志,而是教育开始走向形式化②的开端。

之后,随原始人群不断进化,生产工具日渐发达,人类累积的经验日益丰富,人类语言不断完善,教育也不断向前发展。

二、语言文字与教育发展

生存与繁衍的需要,推动人类语言的产生,并逐渐完善。与此同时,人类采摘、狩猎经验也不断丰富。并且,随着生活、生产的开展,人类对自然、社会现象的认识也不断丰富起来。总之,传播媒介的发达,知识经验的丰富,都为教育不断走向成熟奠定了极为重要的基础。从此,更多的知识经验需要传承、可以传承,教育在人类生活中的地位更加突出。

人类语言的起源发展,有一个悠久的历史。教育也有一个悠久的历史。

我国历史上有据可考文字产生的年代,大约在夏(前22世纪—前17世纪),距今约4000年左右。殷商时期(前14世纪—前11世纪)的甲骨文,是现今发现的比较完善的古代文字,总数已达4000多字。但是,我们不能据此认为,中国古代文字即起源于殷商甲骨文。正如著名历史学家钱穆所言:"就殷墟文字的形制上及数量上说,那时的文字演进已甚久,距离初创文字的时代必已甚远。"③文字的出现,是人类文明史上一个具有里程碑式的事件,它对教育的影响,意义极为重大。在文字出现以前,人类的经验情感只能靠口耳相传,不能留于异时,难以传于异地,很多经验难以得到传承保持。文字的出现,极大地改变了这一状况。人类的经验、经历、情感,甚至一些想象,都

---

① 《礼记·明堂位》:"米廪,有虞氏之庠也。"
② 所谓"形式化教育",是教育学中的一个术语,与"非形式化教育"相对。"非形式化教育"指的是"教育主体不固定,教育对象也不固定,教育主体与客体的联系带有偶发性质,它同人们的社会生活(生产活动、宗教活动、消闲活动、娱乐活动等)浑然一体"。参见陈桂生著:《教育原理》(第二版),华东师范大学出版社2000年3月版,第45页。
③ 钱穆著:《中国文化史导论》(修订本),商务印书馆1994年6月修订版,第89页。

可能借助文字记录下来,整理出来,保存起来。人类文明借着文字的帮助,极大地加大了积累的步伐。

在孔子(公元前551年—公元前479年)之前,虽然中国古代流传下来的典籍不多,但是,从现有资料看,仍有《尚书》、《诗经》、《易经》等。孔子之后,有《礼记》、《春秋》与《乐经》曾经修订过的著作。这些著作,加上后来的《论语》、《孟子》、《大学》与《中庸》等,成为儒家最为重要的典籍。之外,仅春秋战国时代,中国古代典籍极为著名的,就有《墨子》、《庄子》、《老子》、《荀子》、《韩非子》、《孙子兵法》、《黄帝内经》等。文化典籍的不断累积,人类政治、经济、生产、生活及军事活动的经验的不断丰富,总之,人类文化的繁荣,使得如何保存、传承与发展文化(尤其是书面文化)成为人类生活必须面对的重要问题。正缘于此,杨小微教授认为:"人类社会随着自身的发展,创造了一个以符号及其运作方式为表征和形式构成的精神文化世界,积累了丰富的精神文化财富,这就为年轻一代提供了一种新的学习环境和学习方式,即'教学过程中的学习'。"①

文字及其他相类似的文化符号的产生,使得人类围绕书面符号的"教—学"活动渐渐从生活中凸现出来,学校教育便由此产生。

由此不难看出,学校教育的源头在人类生活。学校教育的产生,满足了人类对日益丰富的精神文化保管、传承的需要,是人类文明史上一件里程碑式的事件,其对人类社会发展的意义极为重大。然而,当学校教育作为人类社会一个相对独立的体系不断发展的时候,它渐渐自成体系,与人类社会生活的隔阂越发明显、越发严重,以致迫使人们不得不思考如何解决这样的"隔阂"导致的现代教育"病",当代教育出现"回归生活的教育"的呼唤,绝不是自作多情的矫揉造作。这当然是另外一个问题,我们将在论述现代教育时再行讨论。

三、教育的发展

教育是一种社会活动,是人类社会的一种现象。教育随人类生存需要而产生,也必然随着人类社会的发展而不断演变。教育的目的、内容、教学方式等也随着社会发展的需要不断变化。当然,这只是就社会发展与教育演变的总体关系而论的。如果详细考察这一关系,会发现两者关系非常复杂。这种复杂性,表现在一方面,在同一社会中,不同阶段的教育并不相同,不同地区的教育也有差异,不同阶层的教育甚至迥然有

---

① 杨小微主编:《教育学基础》,华东师范大学出版社2010年6月版,第194页。

别。另一方面,教育或顺应社会发展,甚至推动社会发展是一种状况。教育不能满足社会发展,甚至阻碍社会发展的情况,也屡见不鲜。

我们曾在前面阐述,人的生存需要与种的延续是人的本能,也是社会发展的原始动力。正是这些原动力,不断推动人类生产工具的改善、生产力的提升,由此推动社会形态的发展。教育自然也随之发展。

在人类社会早期,采摘文明与渔猎文明时期,原始生活形态下,形成的就是原始教育。教育与生活浑然一体,尚处于萌芽状态。我们能感受到有人在"教",但找不到特定的"教师";有人在"学",但找不到特定的"学生";也能感受到有"经验"在传授,但找不到特定的"教学内容"。萌芽状态的这种教育,我们可以称之为"非形式化教育"。"教育主体不固定,教育对象也不固定,教育主体与客体的联系带有偶发性质,它同人们的社会生活(生产活动、宗教活动、消闲活动、娱乐活动等)浑然一体。"①

大约在我们的先祖进入农耕社会之后,人类经过漫长的进化,经过旧石器时代、新石器时代,到了铁器时代。这时,生产工具大大改进,生产力水平也相应得到极大提高,劳动产品有了富裕,人类有条件将失去劳动能力的老人赡养起来。据考证,最早的赡养老人的场所叫做"庠"。这是《礼记》中的记载,前文已经交代。后来,孟子说:"庠者,养也。"赡养起来的老人,他们把自己经历的故事、积累的经验传授给氏族的儿童,甚至连带将自己的好恶情感(原始伦理观)也传给儿童。教育,便开始从"非形式化教育"向"形式化教育"转变。这就是说,自此开始,我们可以在人类活动中找到一种较为特殊的形态:有相对固定的人即"老人",将相对明晰的"经验"传授给相对稳定的对象——"氏族儿童"。原始学校产生了。

显然,我们把"庠"称为"学校",是为了让今天的读者容易理解人类社会早期的"教育"现象。事实上,与今日的"学校"相比,"庠"还只是现代学校的胚胎,其间差别形同霄壤。

其后,社会进一步发展,"庠、序、校、学"依次出现,形式化教育不断向前发展。孟子记载:"设为庠序学校以教之;庠者养也,校者教也,序者射也;夏曰校,殷曰序,周曰庠,学则三代共之:皆所以明人伦也。人伦明于上,小民亲于下。"②从这段话中,我们可以看到,夏商周三代各有"学校",分别叫做"校"、"序"、"庠",③三朝共有的学校,称

---

① 陈桂生著:《教育原理》(第二版),华东师范大学出版社2000年3月版,第45页。
② 《孟子·滕文公章句上》。
③ 孟子这里的记载,与后世多数学者考证不一,本书叙述时仍按照多数学者意见。

之为"学"。这些原始学校,教学内容涉及人们生活、生产与军事斗争的各个方面,并都以"明人伦"为其要宗。

大约商周以后,形式化教育得到进一步发展。不但贵族办学,平民办立的私学也开始兴起。比较可靠的记载,是在春秋时期,孔子及孔子同时的少正卯就是倡立私学的典范。也有学者认为,因为古书记载,孔子曾"学琴于师襄,问礼于老聃,学官于郯子,问乐于苌弘"[1]。可见私学兴旺,在孔子之前就已出现,只是现有典籍还缺少足够的记载。《礼记·学记》曾载:"古之教者,家有塾,党有庠,术有序,国有学。"[2]可见那时官学、私学之繁荣,也可看出官学、私学之间的联系。

值得一提的是,早在周代,学校教学已经出现明显的制度化倾向。《礼记·学记》记载,那时已经有"小学"与"大学"的形式,[3]并且,"小学"、"大学"之间的联系也跃然可见。"小学在公宫之左。""大学在郊,天子曰辟雍,诸侯曰泮宫。"[4]《礼记·学记》对"小学"有这样的记载:"比年入学,中年考校。一年视离经辨志,三年视敬业乐群,五年视博习亲师,七年视论学取友,谓之小成;九年知类通达,强立而不反,谓之大成。"《礼记·文王世子》对"大学"的作息时间、教学地点、学习内容的规定,也有较为详细的记载。所有这些,起码已经可以说明,教育在进入"形式化"的学校教育阶段之后,开始向制度化的方向发展。

需要指出的是,一方面,教育的确出现制度化程度越来越高的趋势,另一方面,原来发生在生活之中的"非制度化教育"、"非形式化教育"依然存在。尤其是不被统治集团推崇的所谓"低下的"、"不足道的"经验传递,依然在"非制度化"、"非形式化"的状态下进行。社会底层大众由于经济条件所限,其子弟的教育主要还是在"非制度化"、"非形式化"下展开。最为重要的是,学校教育,无论怎样发达、完善,都不可能(也不必)代替人类社会所有的经验传承,"非制度化教育"、"非形式化教育"始终是人类最根本、最重要的教育形式、生存形式。现代学校教育的弊病,恰恰就产生于其高度制度化后,导

---

[1] 孙培青著:《中国教育史》(修订版),华东师范大学出版社2000年6月版,第50页。详细可参看《史记·孔子世家》。
[2] 见《礼记·学记》。宋代朱熹注曰:"古者,二十五家为闾,同在一巷。巷有首门,门侧有塾。民在家者,朝夕受教于塾也。五百家为党,党之学曰庠,教闾塾所升之人也。术,当为州,万二千五百家为州,州之学曰序。周礼,卿大夫春秋以礼会民,而射于州序,是也。序则教党学所升之人。天子所都,及诸侯国中之学,谓之国学,以教元子、众子,及卿大夫士之子与所升俊选之士焉。"
[3] 当然,《礼记·学记》所记"小学"、"大学",与我们今天所说的"小学"、"大学"完全不是一个概念。读者要注意,不能"以今律古",混淆古今差别。
[4] 见《礼记·王制》。

致的自身与现代生活的人为阻隔。

就中国社会发展而言,由于基本生产方式始终处于手工阶段,大型机器生产至19世纪末才开始出现,商品生产主要以满足日常生活的衣食住行等方面的产品为主,商品交换有限。在进入农耕文明之后的近4000年左右的时间内,社会一直以一种较缓慢平和的方式发展。战火迭起、朝代更替,没有从根本上改变这种农耕经济的性质。农耕社会的重要特点就是社会对知识人才的需求规模较小,人才规格也相对较低,加上中国的社会宗教,如主要宗教佛教、道教并没有大规模展开信众教育的传统,中国教育缺乏足够的发展动力。虽然学校教育如果从"庠"的出现算起,大约也有4000多年。而且,在此期间,尤其值得一提的是,在距今2300多年的战国时期,齐国都城临淄就出现了"稷下学宫"这样著名的学府,这是一所被教育史学家称为"集讲学、著述、育才活动为一体并兼有咨议作用的高等学府"①。也出现过唐朝的体系较为完备的中央官学、地方学校与私学。宋代之后,还出现过白鹿洞书院、嵩阳书院、岳麓书院和睢阳书院等著名的书院。但是,西方近代意义上的完整的学校制度始终没有发展起来,普及教育始终没有提到教育家的议事日程上来,文化、医药与科学技术等知识始终没有成为学校教育的重要内容。

与中国不同,西方社会自公元5世纪开始,进入绵延1000多年的中世纪,史学家又称之为"黑暗时期"。② 到中世纪后期的11世纪,工商业开始发达,城市规模扩大,主要由从事商品生产和商品交换的城市手工业者与商人等新兴社会群体构成一个新的城市社会阶层——市民。市民阶层人口也不断壮大,教会迫于形势而关心起教育来。而且出于教会文化教育的需要,最终产生了一种学校制度。所以教育史学家认为,"一切在中世纪的生活和思想方面是最有特色的,而其根源应是城市的发展"。"在城墙内的市民们取得了与日俱增的独立地位。他们组织各种议会处理公共事务,又组织各种同业公会保护和管理行业;他们还利用先进的自治权使自己逐渐摆脱教会和国家的最高统治者强加于他们的非常使人厌烦的约束。""新的市民运动,在教育的领域内很快就让人感觉出来了。一个结果是学校的数量大大增加。"③它首先促使了一批最早的

---

① 孙培青著:《中国教育史》(修订版),华东师范大学出版社2000年6月版,第102页。
② 西方史一般将公元5世纪至公元14世纪的1000多年时间,称为"中世纪"。由于在中世纪古罗马、古希腊文明被来自北方的蛮族灭亡,在其后的1000年间又备受蹂躏,史学家通常又将"中世纪"称为"黑暗时期"。
③ [英]博伊德、金合著,任宝祥、吴元训主译:《西方教育史》,人民教育出版社1985年2月版,第125页。

大学诞生。波隆那(Bologna)大学、巴黎大学和牛津大学就是在这个时候创办起来的，他们被称为"大学之母"。同时，大批城市学校也应运而生并很快发展起来。

"到黑暗时期结束时，这种学校制度差不多和随罗马帝国一起衰亡了的学校制度一样完善和全面。"①

中世纪建立起来的这些城市学校，不但建立起新的完善的学校制度，教育也逐渐从宗教控制下挣脱出来，走向世俗人生。"从内容上看，城市学校强调世俗知识，特别是读、写、算的基础知识和与商业、手工业活动有关的各科知识的学习"，"从培养目标上看，城市学校主要满足新兴城市对从事手工业、商业等职业人才的需要"，②现代学校的雏形已经出现。

第二节　近代教育

近代教育不仅是一个时间概念，更是对教育发展过程中教育形态巨大改变的概括。相比古代教育，近代教育在近代工商业推动下，在近代文化、科技支持下，开始有意识地把关注重点转向人的世俗生活。教育正以前所未有的姿态，积极投入物质财富的创造与生产，关注人们的现世幸福。教育的规模正前所未有地扩张，教育制度化程度迅速加深，义务教育成为世界教育的基本发展趋势。

近代教育的问题也由此而生。

转入世俗的教育，在关注人的物质生活、现世生活的同时，忽视了人的精神生活。人的片面发展成为讲究实效的近代教育的赘瘤。以下我们具体讨论近代教育的基本成就与基本问题。

一、近代教育成就

近代教育伴随着文艺复兴运动，成为教育发展史上一个崭新阶段的开始。16世纪马丁·路德的宗教改革极大地推动了德国教育，马丁·路德推崇学校教育对于社会生活的重大意义，他说："即便没有灵魂，也没有天国和地狱，只有世俗事务需要考虑，也必须有良好的学校，培养善于治国的男子和善于理家的妇女。""一个城市的兴旺，并

---

① [英]博伊德、金合著，任宝祥、吴元训主译：《西方教育史》，人民教育出版社1985年2月版，第98页。
② 吴式颖主编：《外国教育史教程》，人民教育出版社1999年8月版，第130页。

不在于巨大的财富、坚固的城墙和漂亮的住宅,而在于聪明、能干、智慧、有荣誉感并能获得、保存和利用一切财富和财产的受过良好教育的公民。"①宗教改革不但推动了德国,也推动了欧洲新教国家学校的普遍建立。

17世纪最伟大的教育家当推约翰·阿姆斯·夸美纽斯,他的《大教学论》捷克文版本1632年完稿。1657年,出了拉丁文版。夸美纽斯代表了那个时代发展的教育需求,提出教育就意味着为生活做尽可能完善的准备。教育是每一个人的权利,不是少数人的特权。在教育方法上,他认为:"教师是自然的仆人,而不是主人。"教育必须适应儿童,而不是儿童去适应教育。他重视经验在儿童学习过程中的作用,强调认识个别事物,永远限于认识一般规律。他提出"把一切事物教给一切人们的全部艺术",以期达到使每位学生掌握百科全书知识的目标。他总结教育的经验,提出"一个教师可以同时教几百个学生不仅是可能的,而且也是要紧的"。他提出了班级授课制:"假如把全体学生分成班级,比如十人一组,每组由一个学生去管理,管理的学生又有上一级的去管理,如此等等。"②在另一本巨著《泛智学校》中,夸美纽斯对学校"教什么和学什么的制度"、"人员的制度"、"教材的制度"、"地点的制度"、"时间的制度"、"课程的制度"和"课间休息和假期的制度"等,作了相当详细的阐述,奠定了现代学校制度的基础。③ 总之,到17世纪中期,近代学校教育体制已经愈发完善,获得了充分的发展。

从17世纪的英国革命,到18世纪的工业革命和法国大革命,城市的发展与技术革命相互推动,以大机器生产为特征的工业时代到来了。1764—1767年纺织工哈格里夫斯发明了珍妮纺纱机;1769年詹姆斯·瓦特根据前人的成果,成功发明了单向蒸汽机;1765年英国开始使用铁轨;1807年,美国人富尔敦发明了汽船;1814年史蒂芬逊发明了蒸汽机车。工业革命的狂飙迅速席卷而起。人类社会,首先在欧洲、美洲进入了城市迅速扩大、知识快速扩张、财富急速累积、技术日新月异的新时代。人类社会前行的步伐猛然加快,时代的发展需要千千万万受过教育的工程技术人员、千千万万受过教育的产业工人与城市商贩,新时代呼唤新的教育,适应时代要求的义务教育(又叫强制教育)开始越来越受到国家统治者的重视。1716—1717年,普鲁士国王腓特烈·威廉一世作出了强迫(又称"义务")初等教育的规定。这颗义务教育的种子,终于不断

---

① [英]博伊德、金合著,任宝祥、吴元训主译:《西方教育史》,人民教育出版社1985年2月版,第187页。
② [捷]夸美纽斯著,傅任敢译:《大教学论》,教育科学出版社1999年5月版,第124页。
③ [捷]夸美纽斯著,任中印选编,任宝祥等译:《夸美纽斯教育论著选》,人民教育出版社2005年1月版,第248—268页。

地开花结果。1763年,普鲁士颁布《普通学校规程》,强迫5至13岁或14岁的儿童入学。1802年巴伐利亚公国颁布《初等义务教育法》。德国成为世界上最早实行义务教育法的国家。

英国的洛克与法国的卢梭都是这个时期最杰出的教育思想家。洛克提出了人的差异与独特性,主张有意义的教育就应该尊重这种差异并在此基础上展开。卢梭提出了"自然人"的教育思想,他主张教育要从研究儿童开始,并建立在对儿童的研究之上。他呼吁成人社会要充分认识到"儿童不是小成人",他说:"在万物的秩序中,人类有他的地位;在人生的秩序中,儿童有他的地位;应当把成人当做成人,把孩子看做孩子。"[①]就此提出自然教育、人的教育与事物教育的主张。

毫无疑问,赫尔巴特是近代教育史上最为杰出的教育学家,也是近代教育理论的集大成者,近代教育与现代教育发展中继往开来的人物。赫尔巴特认为,教育就是在经验的帮助和指导下,成为心理形成的过程。在教育目的上,赫尔巴特提出"教育的整个任务可以概括于道德概念之中"[②],"德行是整个教育目的的代名词,它是一种内心自由的观念,将在一个人身上发展成为根深蒂固的现实"[③]。赫尔巴特进一步把德行具体化为"完善的观念"、"仁慈的观念"、"正义的观念"与"公平的观念"。赫尔巴特把实现教育目的的手段分为三种:管理、教育性教学与训育。他认为,管理的主要措施就是威胁、监督、命令、禁止、惩罚、权威与爱。他相信:"如果不紧紧而灵巧地抓住管理的缰绳,那么任何课都是无法进行的。"[④]当然,他也认为,"满足于管理本身而不顾及教育,这种管理乃是对心灵的压迫",但同时,他更清楚地指出,"而不注意儿童不守秩序行为的教育,连儿童也不认为它是教育"[⑤]。

教学是赫尔巴特关注的教育核心问题,也被赫尔巴特视为"德行"培养的基本方式。为此,他提出"教育性教学"的观念。他的一句名言是"我得立刻承认,不存在'无教学的教育'这个概念,正如反过来,我不承认有任何'无教育的教学'一样",表达了他"教育性教学"的基本观点。为此,赫尔巴特尤其重视通过教学培养学生的兴趣,甚至认为这就是教学的目的。因为,在赫尔巴特看来,教学在培养学生兴趣的时候,可能会

[①] [法]卢梭著,李平沤译:《爱弥儿》,商务印书馆1978年6月版,第74页。
[②] [英]博伊德、金合著,任宝祥、吴元训主译:《西方教育史》,人民教育出版社1985年2月版,第336页。
[③] [德]赫尔巴特著,李其龙译:《普通教育学·教育学讲授纲要》,浙江教育出版社2002年4月版,第213页。
[④] 同上书,第25页。
[⑤] 同上注。

使他们处于某种程度的被动状态,但只要运用得法,不但不会压制学生身上的主动性,而且还能激发他们的主动性。他认为兴趣本身,从根本上说就是主动性。

在教学过程观上,赫尔巴特提出明了、联想、系统与方法的四阶段理论。他认为:明了,是指教师通过直观教具或讲解的方法,使学生获得清晰的表象。联想,是指教师要引导、帮助学生,将新旧观念在脑海中建立联系。系统,是指帮助学生将联系起来的新旧观念系统化。方法,即要求学生通过练习巩固新习得的知识。赫尔巴特四阶段教学过程理论被认为是教学论发展史上的"一座丰碑"。不仅如此,赫尔巴特也是第一个明确提出以实践哲学和心理学为基础构建教育科学的第一人,并由此开创了科学教育学的新纪元。

训育,是赫尔巴特提出的一个重要的服务教育目的的手段。赫尔巴特认为,"对青少年的心灵产生直接影响,即有目的地进行的培养,就是训育"[①]。与"管理"相比,都要对儿童的心灵发生影响,但"管理"只服务于教学,是为教学开辟良好的环境,是对儿童意志进行抑制。而"训育"是对儿童意志进行培养,在这一点上它与"教学"没有区别。但是,"训育"不同于"教学",训育的目的是包括整个"德行教育",最终达到增强学生"道德性格的力量"。训育"仅仅是一种尽可能友好地对待学生的亲密行为","只有在(学生)需要帮助的时候才有作用",当"训育"完成了它的任务之后,就要迅速地让位于"教学"。

可以说,赫尔巴特之前的"教育学"如果可以称之为"教育学",主要也只是思辨性质的经验教育学。而赫尔巴特则成为科学教育学的创始人。

近代教育无疑是人类教育史上一段辉煌的历程。我们主要通过这一阶段最为杰出的教育理论家的理论简介,概述这一阶段人类教育发展的成就。这是因为,理论家的理论建构,不可能只是天才的臆想。他们站在时代发展的坚实社会基础之上,站在时代发展的前列,代表时代的要求。更为重要的是,他们的理论都极其深远地影响了学校教育的实践。因而可以说,他们的理论,既是个人天才的创造,也是时代发展的结果;既是抽象的理论概括,也有坚实的现实基础。所以,从他们的论述中,当然可以窥见这一时代教育发展的成就。

二、近代教育特征

我们在前面已经提到,"近代教育"不单单是一个时间概念,也是对人类教育史上

[①] [德]赫尔巴特著,李其龙译:《普通教育学·教育学讲授纲要》,浙江教育出版社2002年4月版,第161页。

教育发展特征的概括。正是在这个意义上,著名教育学者叶澜教授认为,"今天进入社会主义现代化建设的新历史时期的中国学校教育",仍旧面临着"实现学校教育从近代向现代的转型性变革"的任务。[①] 一般认为,欧洲近代教育起始于16世纪而终于20世纪。我国的近代教育划分,对精确年代学术界似有歧见,但大致年代仍较一致,一般认为开始于19世纪中后叶,而终于20世纪30年代(或40年代)前后。[②]

当然,我们承认,"近代教育"在各个国家,在同一国家所谓"近代"的不同时期,发展的面貌不尽相同。但是,如果要用简单的语句概述"近代教育"的特征的话,那么,知识传授的"实用和效率",可能是它最为显著的特征。古代社会,由于生产力水平较低,城市人口不多,工业化程度非常低,社会节奏缓慢。在这一长段田园牧歌式的时代里,古代教育主要以人的"品德"熏陶为主要特点。不管是面向世俗的"伦理"教育,还是服务"上帝"的宗教教育,在这一点上,没有实质性的差别。

然而,近代教育却由于近代工商业繁盛,国家、民族等竞争因素作用,遂使教育也加入竞争行列,越来越成为世俗工具。从教育目的看,近代教育出现强烈的世俗化倾向,教育为现实生活服务,为生产提高、生活提升服务,为学生未来生活做准备,成为越来越明显的特征。农业社会时期重德性养成,宗教意识培育的追求也越来越淡。在教育内容上,现代工商业知识、自然科学与各种技术方面的知识逐渐成为学校教育的基本内容,充斥古代教育中的大量人文科目受到压缩。在教育制度上,近代学校制度日益完善,班级授课制度应运而生。在教育方法上,强调顺应儿童天性,强调引导,也强调兴趣与纪律。总之,如何提升教育效率已经成为近代教育关注的焦点。

从规模上看,近代教育表现为学校越来越普及,教育对象不断扩大。工商业的发

[①] 叶澜著:《"新基础教育"论——关于当代中国学校变革的探究与认识》,教育科学出版社2006年9月版,第198页。

[②] 周予同认为:"中国现代(实指本书所言'近代'——本书作者注)教育之产生,起因于鸦片战争。"(参见周予同著:《中国现代教育史》,福建教育出版社2007年重印本,第217页。)最精彩的当属舒新城的论述。舒新城认为,中国教育史中"所谓近代,时间段自清同治元年[1862]至今(1928年——本书作者注)。何以将中国近代教育段自同治初元? 是因为那年北京创立京师同文馆。若仅就其事实本身讲,同文馆设立,不过教育上一种寻常的举动,并无何种重大的价值。但自此而后,数千年中国教育历史上传衍而来的教育制度,逐渐为西洋教育制度所替代,而社会上的传统思想亦逐渐破坏无余。"同治元年[1862]之创设京师同文馆,是我国教育制度因外力逼迫而逐渐破坏之始,也是中国逐渐将固有的农业社会的教育制度变而采用西洋的工业社会的教育制度之始。故近代的实践即以斯年为断。"(参见舒新城著:《近代中国教育思想史》,福建教育出版社2007年版,第217页。)陈景磐认为:"中国近代教育史是论述中国从鸦片战争到'五四'运动的旧民主主义革命时期(1840—1919),中国半殖民地半封建教育的产生和发展的历史。"(参见陈景磐编:《中国近代教育史》,人民教育出版社1983年6月版,第4页。)

展,导致社会对掌握初步生产技能的知识工人及其他从业者的需求激增,促使学校教育不断将一般中下层民众子弟纳入教育对象。近代后期出现了"义务教育制度",并逐渐成为世界教育发展的基本趋势之一。儿童入学年龄提前,在校学习时间增加,入学儿童数量空前提高。此外,随着制度化教育发展深度加大,学校与生活世界的联系正变得越来越困难。这看似是一个矛盾现象:一方面教育追求为世俗社会服务,一方面学校教育又在完成自身使命过程中,越来越让自己的活动远离真实的生活世界。

三、近代教育问题

近代教育,产生于工业化迅速发展的背景下,具有浓厚的工业化特征。

一方面,近代工业、农业、商业与金融业的发展,推动了近代科技的迅猛发展,积累了丰富的知识,为近代教育发展奠定了良好的基础;另一方面,近代工业社会的发展又对知识人才的层次与规模提出了史无前例的要求。历史上第一次对拥有知识的人才具有如此大规模的渴求,无疑,这一社会需求为近代教育的发展注入了强大的动力。

近代教育发展在取得重大成就的同时,仍然表现出它的时代局限性,这些局限性,正是推动近代教育向现代教育转型的教育自身因素之一。

首先,近代教育的世俗化虽然一方面满足了社会发展的物质需求,但同时也导致了教育忽视人的品德培育、个性培养。近代教育的世俗化转向,更多的是转向满足人类不断激起的物质需求,客观上压缩了教育关注学生精神发展的空间。同时,随着近代科技与工商业的发展,越来越丰富的知识资源转化为学校课程,从而也推动了学校教育更加关注科学技术知识的传承,相对忽视了培育学生品德、培养学生个性的人文教育。总之,人之为人的教育,在近代教育的世俗化潮流中受到明显的冲击。面对近代教育的这种弊端,教育学家不断提出批评并力图给予矫正。卢梭呼吁:"在自然秩序中,所有的人都是平等的,他们共同的天职,是取得人品;不管是谁,只要在这方面受到了很好的教育,就不至于欠缺同他相称的品格。""从我的门下出去,我承认,他既不是文官,也不是武人,也不是僧侣;他首先是人:一个人应该怎样做人,他就知道怎样做人,他在紧急关头,而且不论对谁,都能尽到人的本分。"[1]教育不能把儿童当做灌输知识的容器,教育也不应把自己的对象培养成社会的工具,而忘却生活的意义。赫尔巴

---

[1] [法]卢梭著,李平沤译:《爱弥儿》,商务印书馆1978年6月版,第13页。

特也以伦理学(实践哲学)说明教育的目的,认为"德行是整个教育目的的代名词"①。

其次,忽视儿童特点,无视儿童需要,把知识教学当做知识灌输,是近代教育的另一弊病。教育规模的扩大,知识教学任务的不断加重,又面临着缺乏儿童权力观念,缺乏对儿童身心发展特点的研究。灌输知识,是近代教育中屡见不鲜的现象。卢梭不仅提出了要"把孩子当做孩子",而且进一步指出:"大自然希望儿童在成人以前就要像儿童的样子。如果我们打乱了这个次序,我们就会造成一些早熟的果实,他们长得既不丰满也不甜美,而且很快就会腐烂;我们将造成一些年纪轻轻的博士和老态龙钟的儿童。儿童是有他特有的看法、想法和感情的;如果想用我们的看法、想法和感情去代替他们的看法、想法和感情,那简直是最愚蠢的事情。"②

再者,忽视人的全面发展的需求,是近代教育的又一个问题。近代教育以工业化思维思考教育问题,以效率观念处理教育问题。由于近代教育中知识教学的任务逐渐加重,人们逐渐习惯从单位时间中计算知识有效传授的量,以此判断学校教育的优劣。在这样的观念支配下,学校教育逐渐迷失自己的方向,忽视人的复杂性,忽视人发展的复杂性。把学生发展等同于掌握知识的数量增长,这一倾向愈演愈烈,导致近代教育忽视学生全面发展的需求,忽视学生个性化的发展。同时,从社会发展而言,民主化成为基本趋势,而近代教育培养的却是沉湎于知识而胜于关注人生幸福的人,盲从权威而胜于怀疑探索的人。

19世纪末20世纪初,欧洲新教育③兴起,美国进步主义教育④蓬勃展开,实际上就

---

① [德]赫尔巴特著,李其龙译:《普通教育学·教育学讲授纲要》,浙江教育出版社2002年4月版,第213页。
② [法]卢梭著,李平沤译:《爱弥儿》,商务印书馆1978年6月版,第91页。
③ 欧洲"新教育运动"(New Educational Movement),亦称"新学校运动",是指19世纪末20世纪初,欧洲有许多教育家,如英国教育家雷迪(C. Reddie, 1858—1932),德国教育家利茨(H. Lietz, 1868—1919),法国教育家德莫林(E. Demolins, 1852—1907)等创办"新学校",以实践自己的教育理念,在学校教育中体现新人道主义、"儿童中心",强调启发性与和谐性。
④ "进步主义教育"起自19世纪末,20世纪上半期盛行于美国。19世纪末至20世纪初的美国教育,沿袭欧洲传统教育,强调严格训练,注重记忆,学生处于被动学习地位。"进步教育之父"帕克(F. W. Parker, 1837—1902)受欧洲自然主义思想影响,1870年代首先引进新教学方法的实验,提出"教育要使学校适应儿童,而不是使儿童适应学校"的原则。

1896年,杜威在芝加哥大学创办实验学校,将其实用主义(Pragmatism)哲学运用于教育领域,进行"进步主义教育"实验。1910至1920年代,美国建立了许多新学校,许多旧学校也加入进步主义的阵营。都市地区学校广泛采用活动课程、核心课程与设计教学法。1919年"进步教育发展协会(后改成'美国进步教育协会')"成立,1924年协会创办《进步教育》杂志,1930年代达到全盛时期。

进步教育的学校关心普通民众教育,强调教育与社会生活联系,提倡"做中学",倡导民主平等的师生关系。这一教育运动,对当时的美国教育,乃至其后世界教育发展都产生了重大深远的影响。

是敲响了近代教育的丧钟。

第三节　现代教育

由欧洲新教育与美国进步主义教育为先导开创出来的现代教育,并不仅仅是教育史上一个简单的时间分期,而是对教育发展到一定程度之后,教育内涵出现基质性变化之后的一个概括。从世界范围看,各个国家进入现代教育的时间并不一样,甚至相差悬殊。比如,美国在20世纪初叶就已经完成近代教育向现代教育的转变,而我国大陆到目前为止,学校变革尚处于由近代向现代转变的艰难阵痛之中。

在谈到中国当前学校教育性质的时候,叶澜教授认为:"中国的学校教育在1985年进入现代化变革新时期时,其基本形态依然是近代而非现代的。"[1]她之所以对目前中国学校教育性质作出这样惊世骇俗的判断,是因为:"就全国大部分地区的学校而言,变革不仅远没有完成,而且可以说尚未在深层次和实质上开展。普遍的情况是办学主体缺乏变革的主动性,基本上还是执行领导的要求;近代学校的管理模式、教育、教学组织和活动方式依然是学校主要的生存状态。"[2]

一、发展背景

进入20世纪,工业化的规模进一步扩大,机器制造能力进一步提升,工业自动化程度迅速提高。工业生产发展,推动贸易、金融、交通运输等产业迅速繁荣,人类生产、交换、消费的规模与速度,都迎来一个史无前例的新时代。

与此相伴而生,现代社会出现以下特征和问题。这些社会特征与社会问题,既是现代教育的推动力,也组成现代教育的宏观社会背景。

知识激增而被人形象地表述为"知识爆炸"。

有人统计:"以公元1世纪知识基数为1,那么到1750年才增长1倍;1750至1900年,150年增长1倍;1900至1950年,增长1倍需要50年;50至60年代,每增长1倍需要10年;70至80年代,每增长1倍需要7年;从1993至2003年,人类知识总量较过去翻一番;2004至2010年7年内,将出现爆炸性的知识大突破;2011至2020年内,

---

[1] 叶澜著:《"新基础教育"论——关于当代中国学校变革的探究与认识》,教育科学出版社2006年9月版,第198页。
[2] 同上书,第200页。

知识将比现在增长3—4倍;从现在到未来的30年内,世界的科技发明将超过2000年的总和。"①20世纪60年代,美国学者哈特(Donald J. Hart)出版了一本书,名叫 *The Explosion of Knowledge*(《知识爆炸》),用"爆炸"一词,是指知识增长速度之快和容量之大。80年代之后,"知识爆炸"成为人类使用最为频繁的词语之一,可见这一问题引起社会关注之高。

信息化是随着现代计算机及网络技术发展起来的社会形态,它是指将现代信息技术广泛深入应用于社会政治、经济、军事、科学研究与其他文化生活的现代信息设施与运用。由于互联网日益发达与普及,深入于人们生活的方方面面,上网人数与个人上网时间越来越长,以至于有人将其称为人的活动的"第四空间"。②

在我国,信息化正以惊人的速度向前发展。2006年3月,国务院信息化办公室发布报告指出:"2000—2005年,我国电话用户总数由2.3亿增加到7.4亿,平均每年新增1亿户;固定电话主线普及率由12部/百人提高到27部/百人;移动电话普及率由7部/百人提高到30部/百人。电视综合人口覆盖率由93.7%提高到95.29%,有线电视入户率由24.3%提高到33%。'村村通电话'、'村村通电视'工程提前完成'十五'目标。互联网上网人数从2000年的2250万上升到2005年的11100万,上网计算机数从2000年的892万台上升到2005年的4950万台,互联网国际出口带宽从2000年的2799 M 增加到2005年的136106 M。"③

2006年5月,中共中央办公厅、国务院办公厅印发了《2006—2020年国家信息化发展战略》报告书。报告书指出:"20世纪90年代以来,信息技术不断创新,信息产业持续发展,信息网络广泛普及,信息化成为全球经济社会发展的显著特征,并逐步向一场全方位的社会变革演进。进入21世纪,信息化对经济社会发展的影响更加深刻。广泛应用、高度渗透的信息技术正孕育着新的重大突破。信息资源日益成为重要生产要素、无形资产和社会财富。信息网络更加普及并日趋融合。信息化与经济全球化相互交织,推动着全球产业分工深化和经济结构调整,重塑全球经济竞争格局。互联网加剧了各种思想文化的相互激荡,成为信息传播和知识扩散的新载体。电子政务在提

---

① 转引自刘道玉:《知识爆炸与学习的革命》,《黄河科技大学学报》(哲学社会科学版),1999年第1期。
② 叶澜著:《"新基础教育"论——关于当代中国学校变革的探究与认识》,教育科学出版社2006年9月版,第42页。
③ 国务院信息化办公室:《中国信息化发展报告2006》,中国电子工业出版社2006年3月版,第8页。

高行政效率、改善政府效能、扩大民主参与等方面的作用日益显著。"①

全球化,是现代社会又一个显著的特征。随着微电子技术为核心的网络技术发达,信息交换的通讯技术拉近了人们的距离,飞机、高速公路、高速铁路和发达的远洋航运等交通工具与设施的日益发展,更极大地压缩着人类活动空间,为资本、物资、人员的国际交流提供了基础。在这样的背景下,全球化首先在经济领域充分发展起来。"全球化"有广义与狭义之分。我们一般所用的,系指"狭义的"全球化,是指"二战以后,尤其是冷战结束后,由金融业跨国企业、通讯技术和大众传媒等方面的发展所导致的全球经济走向一体的趋势和过程"②。这是由于,随着交通、通讯技术发达,原材料、商品、资本与人员更容易交换与交往,国际贸易迅速扩大,大的跨国公司不断涌现。你中有我,我中有你,民族国家的传统边界正被弱化。全球化的趋势及其对人类生活的影响,正从经济领域向文化等领域弥漫,使得全球化成为当代社会重要的发展特征之一。正如英国学者齐格蒙特·鲍曼(Zygmunt Bauman,1925——)所言,"对某些人而言,'全球化'是幸福的源泉;对另一些人来说,'全球化'是悲剧的祸根。然而,对每个人来说,'全球化'是世界不可逃脱的命运,是无法逆转的过程。它也是以同样的程度和同样的方式影响我们所有人的一个过程。我们所有的人都在被'全球化'——而对被'全球化'的人来说,被'全球化'的意义大体是相同的"③。

社会生活民主化,是当代世界发展的基本趋势。世界各国总体趋势都由偏于垂直管理的政体向更加扁平注重横向管理的政体演变,社会机构与人民大众在国家政治生活、经济生活与文化生活中的地位不断提升,人民的知情权、参与权与决策权广泛地受到尊重,并得到法律的保障。我国作为当今世界最大的新兴经济体与经济大国,在政治、文化等社会领域,同样高度重视民主建设。中国共产党第十六次全国代表大会提出的建设小康社会的目标明确指出,要努力建设一个"社会主义民主更加完善,社会主义法制更加完备,依法治国基本方略得到全面落实,人民的政治、经济和文化权益得到切实尊重和保障。基层民主更加健全,社会秩序良好,人民安居乐业"的社会主义强国,在继续做好物质文明建设与精神文明建设的同时,报告提出要"发展社会主义民主政治,建设社会主义政治文明,是全面建设小康社会的重要目标"。第一次将民主政治为核心的"政治文明"作为与物质文明、精神文明同等重要的社会建设目标,提到全党

---

① www.gov.cn 中央政府门户网站,2009 年 9 月 24 日。
② 苏国勋等著:《全球化:文化冲突与共生》,社会科学文献出版社 2006 年 7 月版,前言,第 1、2 页。
③ [英]齐格蒙特·鲍曼著,郭国良等译:《全球化——人类的后果》,商务印书馆 2001 年 8 月版,第 1 页。

工作与国家工作的中心,并具体提出民主政治建设的路径与方法:"健全民主制度,丰富民主形式,扩大公民有序的政治参与,保证人民依法实行民主选举、民主决策、民主管理和民主监督,享有广泛的权利和自由,尊重和保障人权。坚持和完善人民代表大会制度,保证人民代表大会及其常委会依法履行职能,保证立法和决策更好地体现人民的意志。"[①] 2008年3月5日,国务院总理温家宝在第十一届全国人民代表大会第一次会议上所作的政府工作报告也指出:"必须坚持落实科学发展观。科学发展观是发展中国特色社会主义的重大战略思想,是我国经济社会发展的重要指导方针。我们要坚持把发展作为第一要务,着力转变经济发展方式,调整经济结构,提高经济增长质量和效益;坚持以人为本,注重统筹兼顾,推动全面协调可持续发展。只有深入贯彻落实科学发展观,才能实现经济社会又好又快发展,促进社会和谐。"报告还提出:"必须坚持改革开放。改革开放是决定当代中国命运重大而关键的抉择。我们要坚定不移地推进经济体制改革、政治体制改革,发展社会主义民主政治,完善社会主义市场经济体制,解放和发展生产力,促进社会公平正义,实现人的全面发展。"[②] 从此,以人为本的科学发展观成为我国政府工作的指导方针,体现了具有我国特色的社会主义民主政治建设风格,也反映了世界民主政治的基本趋势。

二、现代教育的挑战

现代教育面临的挑战,既有来自外部的社会挑战,也有来自内部的变革挑战。

现代教育作为现代社会的产物与现代社会的组成部分,必然也承受着现代社会面临的压力与挑战。当今世界面临的全球性巨大挑战,可以概括为以下三点:

一是面临改善环境的挑战。近代以来,工业生产日渐发达,然而由此带来的资源消耗加速,很多自然资源正面临枯竭。大气污染、水污染等为典型表现的环境污染日益严重,人类生存环境变得更加恶劣。同时,由于大量排放的温室气体造成的全球气温上升,冰川融化,海平面上升,很多国家将会完全消失,还有一些国家将可能遭水淹没。改善环境,正成为全球必须面对,需要广泛国际合作的紧迫任务。

二是应付人口过度增长的挑战。据瑞士《新苏黎世报》2010年12月28日报道,德国世界人口基金会(DSW)12月28日就即将结束的2010年发布一组统计数字,数据

---

① 江泽民:《全面建设小康社会,开创中国特色社会主义事业新局面》。
② http://www.gov.cn/2008lh/content_923918.htm。

显示,2011年世界人口将突破70亿大关。

德国世界人口基金会公布的数据显示,2011年1月1日零时,世界人口总数预计将达到69亿3419万6千人,其中非洲大陆上的人口增长速度最快。

该基金会28日指出,地球人口将以每秒2.6人的速度增加,到2011年中期,世界人口总数将突破70亿大关;到2025年,世界上的人口将达到80亿人;到2050年,全球人口将增至100亿。其中发展中国家人口增长尤其迅速,目前世界上82%的人口即57亿人生活在这些国家和地区。①

人口过快、过度增长,加剧了贫困,增加了教育和卫生的压力,也加速了资源枯竭,加重了环境污染,成为全球性重大挑战。

三是确保可持续发展的挑战。由于环境恶化、人口过快增长,导致人类发展可持续性降低,人类生存危机加大。1992年联合国环境与发展大会提出"可持续发展"(sustainable development)的新思想、新战略和新观念,提出为了确保人类社会可持续发展,"人类应与自然和谐一致,应珍惜共有的资源环境,应变革现有的不可持续的生活方式和生产方式……"②

同时,全球化导致的全球化与民族化的冲突、意识形态冲突、宗教矛盾、种族矛盾、发展中国家与发达国家矛盾等等,这些冲突和矛盾,虽然早已存在,但现在尤其复杂激烈,在这样众多挑战与压力之下,现代教育将如何作出有效应对,就成为其不可回避的问题。

三、现代教育的发展趋势

为了应对现代社会发展出现的问题,为了让现代教育更好地服务于现代社会,现代教育持续改革势在必行。不过,需要指出,改革并不意味着对传统的全盘否定,不意味着从头开始。真正的改革,一切有生命力的教育改革,都是在继承传统教育优良内核的基础上,应对当时当地的新问题、新挑战作出的新的调整,是原有教育内涵的重组与丰富和功能改进。现代教育改革也不例外。

实施终身教育,面对知识爆炸时代的挑战。1972年,联合国教科文组织国际教育发展委员会指出:"在原始社会里,教育是复杂和连续的。这时教育的目的在于形成一

---

① http://news.eastday.com/w/20101229/u1a5638743.html.
② 赵中建编:《教育的使命——面向二十一世纪的教育宣言和行动纲领》,教育科学出版社2002年1月版,第5页。

个人的性格、才能、技巧和道德品质,一个人是通过共同生活的过程来教育自己的,而不是被别人教育的。"①查尔斯·赫梅尔更直接地道明了这个事实:"自从地球上出现了人类,终身教育就存在了。"②可见,终身教育早已出现,可以说与人类历史一样悠久和漫长。但是,作为一种自觉的人类行动,尤其是作为教育改革的目标,终身教育还是20世纪才逐渐开始的。

1917年,英国政府任命第一个成人教育专门委员会,委员会在1919年提出《史密斯报告》(Smith Report,又称《1919年报告》),提出成人教育不再是补习性教育,而以培养公民意识和个人发展为主要目的。1924年,英国教育部颁布《成人教育规程》,对申请政府成人教育课程经费补助作出规定。1929年,英国学者 B·耶克斯理(Bssil Yeaxlee)出版名为《终身教育》著作。"该书对日常的和非正式的教育及学习给予了极大的关注。"③他认为:"学校教育只是知识,而教育却包括知识、经验和伙伴关系。因此,教育永远不会结束。而学习的概念则应该在人的终身过程中被鼓励和支持。"④

1919年德国宪法明确德国当时成人教育中心包含在大众教育制度之中,各州、市都要促进包括成人教育中心在内的大众教育制度。

美国成人教育哲学家埃德华·林德蔓,根据进步主义教育哲学理念,"试图廓清成人教育概念的内涵、规划成人教育的课程、探索成人学习的方法、阐述成人教育的社会功能以及设想在终身学习理念的指导下构建成人教育体系"⑤。1926年,美国成人教育协会成立。

1960年,在加拿大蒙特利尔召开的"国际成人教育会议",又一次讨论了终身教育问题。会议认为:"成人教育,不是学校教育的继续,而是终身教育的一环。而且,会议还阐述了有关终身教育的这样一种观点:急剧的社会变动,促使人们把教育看作是终身的过程,并向人们提出从终身教育的原则出发规划成人教育的必要性。"⑥

1965年,"第三次推进成人教育国际会议"在巴黎召开,保尔·朗格朗在会上发表

---

① 联合国教科文组织国际教育发展委员会编著,华东师范大学比较教育研究所译:《学会生存——教育世界的今天和明天》,教育科学出版社1996年6月版,第25、26页。
② [美]查尔斯·赫梅尔著,王静等译:《今日的教育为了明日的世界》,中国对外翻译出版公司1983年版,第22页。
③ 吴遵民等:《当代终身学习概念的本质特征及其理论发展的国际动向》,载《继续教育研究》,2004年第3期。
④ 同上注。
⑤ 同上注。
⑥ 崔相录编著:《今日发达国家教育改革导论》,教育科学出版社1992年版,第181页。

《终身教育的展望》论文,提出一种设想:任何年龄阶段的所有人都能得到学习机会。此次会议大力促进了国际成人教育的发展。同年,联合国教科文组织采纳"终身教育"作为正式用语,标志着终身教育理念在世界范围内已经得到确立。

1972年,联合国教科文组织国际教育发展委员会的报告《学会生存》强调受教育者"自学"的意义及由此带来的教育改进策略。报告指出:"新的教育精神使个人成为他自己文化进步的主人和创造者。自学,尤其是在帮助下的自学,在任何教育体系中,都具有无可替代的价值。""学会如何学习……是指一种特殊的教育方式。"①"在学会如何学习的过程中还要养成工作习惯,唤起学习动机,而这些工作习惯和学习动机是必须通过学校和大学的教学大纲和教学方法在儿童和青年时期形成的。要实现每一个人的自学愿望,就必须不仅在中小学和大学,而且也要在其他地方,在各种条件和环境下,交给他各种方法、工具和诱因,使他的自学成为富有成果的活动。"②"我们今天把重点放在教育与学习过程的'自学'原则上,而不是放在传统教育学的教学原则上。"③

1996年,国际21世纪教育委员会向联合国教科文组织提交一本教育文献:《教育——财富蕴藏其中》,委员会主席雅克·德洛尔先生在序中提出,要"把终身教育放在社会的中心位置上"。这份文献中,"(国际教育)委员会决定把与生命有共同外延并已扩张到社会各个方面的这种连续性教育称之为'终身教育'。委员会认为终身教育是进入21世纪的关键所在,也是必须适应职业界的需要和进一步控制不断变化的个人生活的节奏和阶段条件"④。委员会还认为:"终身学习这一概念(the concept of learning throughout life)是进入21世纪的一把钥匙。它超越了启蒙教育和继续教育之间的传统区别。它与另一概念,即学习化社会的概念相联系。在这一社会里,所有一切都为学习和开发个人的潜力提供了机会。"⑤

与终身教育相互呼应的是"学习化社会"。"学习化社会"最早由美国学者罗勃

---

① 联合国教科文组织国际教育发展委员会编著,华东师范大学比较教育研究所译:《学会生存——教育世界的今天和明天》,教育科学出版社1996年6月版,第251页。
② 同上书,第252页。
③ 同上书,第201页。
④ 国际21世纪教育委员会报告,联合国教科文组织总部中文科译:《教育——财富蕴藏其中》,教育科学出版社1996年12月版,第90页。
⑤ 赵中建编译:《全球教育发展研究热点——90年代来自联合国教科文组织的报告》,教育科学出版社2003年4月版,第347页。

特·哈钦斯(R. M. Hutchins)1968 年在其著作《学习化社会》(The Learning Society)中提出。随后,由于联合国教科文组织等国际机构大力提倡,尤其是《学会生存》报告把"学习化社会"作为未来社会的形态正式推出,这一新的观念受到越来越多人的关注。1973 年美国卡内基高等教育委员会报告《通往学习型社会》(Toward a Learning Society: Alternative Channels to Life, Work and Service)发表,报告继承了哈钦斯学习化社会理论,并提出以"学习化社会"理论重新设计和改革初等中等教育的建议。由此,"学习化社会"这一术语在世界范围广为流传开来。

终身教育与学习化社会,不是与基础教育无关的教育、社会形态,也不是在基础教育之后简单加上的一段教育的"尾巴"。"终身教育"与"学习化社会"作为新的教育理念与教育体系,是把基础教育置于"终身教育"与"学习化社会"理念下重新审视、重新构造的新的教育体系。我们不能忽视 1983 年美国"国家教育优异委员会"在这一问题上表现出来的睿智,他们指出:"学习化社会的核心还在于教育机会远远超出了学校和学院这类传统的学习机构。教育机会扩展到家庭和工作场所,扩展到图书馆、美术馆和科学中心;甚至扩展到个人在生活和工作上能得到发展和成熟的一切地方。在我们看来,青年时期的正规学校教育是终身学习必不可少的基础。但是,没有终身学习,人的技能很快就会过时。"[1]叶澜教授认为,要"通过基础教育为未来社会成员奠定终身学习和发展的意识与能力"[2]。"在终身教育的框架下,学校的基本功能不再满足于人类已有文化知识的传递与继承,更要求唤醒和逐渐提升学生的学习需求与能力,逐渐完成从受教育者向主动学习、自主抉择、健康发展的转换,即学生自我教育与自我超越能力的提升。在这样的学校教育中,知识教育最重要的价值不在于适应今后的人生,而在于成为促进学生发展的教育资源。学校教育指向更为根本的价值:促进人的全面发展的价值,为人的终身学习和终身发展奠定基础的价值,为当代人在一个不断发展变化的社会中实现社会价值和幸福人生奠定基础的价值。"[3]

此外,全纳教育(Inclusive Education)也是现代教育重要的发展趋势。联合国教科

---

[1] 瞿葆奎主编,马骥雄选编:《教育学文集·美国教育改革》,人民教育出版社 1990 年 8 月版,第 596 页。
[2] 叶澜著:《"新基础教育"论——关于当代中国学校变革的探究与认识》,教育科学出版社 2006 年 9 月版,第 218 页。
[3] 叶澜:《终身教育框架下基础教育学校功能的变化》,转引自郝克明主编:《终身教育国际论坛报告集萃》,高等教育出版社 2005 年 11 月版,第 200 页。

文组织在西班牙萨拉曼卡颁布的《萨拉曼卡宣言》,明确提出了"全纳教育"的思想。

《宣言》提出:[1]

——每一个儿童都有受教育的基本权力,必须给予他实现和保持可接受水平的学习之机会;

——每个儿童都有独一无二的个人特点、兴趣、能力和学习需要;

——教育体系的设计和教育方案的实施应充分考虑到这些特点与需要的广泛差异;

——有特殊教育需要者必须有机会进入普通学校,这些学校应该将他吸收在能满足其需要的、以儿童为中心的教育活动中;

——实施此种全纳性方针的普通学校,是反对歧视、创造欢迎残疾人的社区,建立全纳性社会和实现人人受教育的最有效途径;进而言之,他们为绝大多数的儿童提供了一种有效的教育,提高了整个教育体系的效益,并从根本上改善了教育的成本——效益比。

可见,"全纳教育"就是应当满足所有人需要的教育。作为一种全新国际教育思潮,全纳教育主张教育民主、平等,强调参与,重视合作,反对歧视。

除此之外,现代教育发展趋势,还包括关注全人教育、环境教育、人口教育以及妇女儿童教育等等。

终身教育、全纳教育等,这些现代教育发展呈现出的趋势,固然有现代社会用以解决社会发展中新问题的工具性意义,这是毋庸讳言的。然而,如果我们只看到现代教育趋势性发展表现出来的工具意义,就会窄化或曲解现代教育的精神。从根本上说,现代教育的一切努力,都是为了通过教育,塑造一个更加公平、和谐的社会,为每一位社会成员健康幸福的人生服务。在这个社会里,既有人与人之间的和谐,也有人与自然、人与社会之间的和谐,还有个人学习与个人生活的和谐。这样就会多一些平等、多一些关爱,每一位成员就会多一些发展机会和可能。实际上,这就是现代教育在处理现代社会面临的新问题时,追求教育本质的时代特色。

---

[1] 赵中建编译:《全球教育发展研究热点——90年代来自联合国教科文组织的报告》,教育科学出版社2003年4月版,第131页。

分析与应用

一、怎样看待文字的出现在教育发展史上的意义?

二、一般社会成员所说的"教育",与我们教育专业人员常用的"教育",其联系与区别在哪里?

三、作为教育发展史上一个划时代的事件,近代教育出现的基本标志有哪些?

四、对现代社会而言,近代教育存在的问题是什么?为什么会存在这些问题?

第三章 教育与社会

本章开始,我们所提到的"教育",在没有特别说明的时候,就是指"狭义的教育",即"学校教育"。

教育本来就是社会的一部分,是社会内部的组成成分。离开社会,无所谓教育。所以,谈"教育与社会"的关系,就是谈社会的部分与社会的整体之间的关系。

教育与社会的关系,是双向互动的关系(见图3-1)。

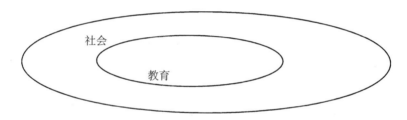

图3-1 教育与社会关系略图

一方面,教育就是社会的组成部分,同时,教育在社会体系中又具有相对的独立性。教育与社会的关系,就是社会局部与整体的关系,就是相对的对立与绝对的不可分离的关系,也是相对的稳定与绝对的变动的关系。我们就是在这样的原则下,探讨教育与社会的关系。而且,为了讨论问题的方便,我们只能分别讨论教育与社会中教育之外的主要领域之间对应的关系。为此,我们必须老实地向读者承认:这种讨论,复杂性往往远低于实际生活的"实然"状态,难免显得拙劣与乏力。但我们还是不能以此作为放弃探讨的理由。本章,我们只从教育与政治、教育与经济以及教育与文化三个方面讨论教育与社会的关系。

第一节 教育与政治

自从人类社会进入政治架构的生活体系时代,政治就始终处于主导地位,决定着教育的发展。居于社会生活统治地位的政治势力，总是从维护既有社会形态出发，或明或隐，把握着教育主导权。他们确立教育目的，限定教育对象，设定人才培养规格和培养规模，有时甚至于干预教育内容与教育形式。总之，在教育上，他们说了算。

一、政治决定教育权

政治决定教育权。历来统治者，总是凭借政权，决定教育"为谁培养人"、"培养哪些人"、"如何培养人"与"培养什么样的人"。其中又以第一、第二点最为突出，后两点依从第一、第二点。

教育权就是主办教育的权力。把持了教育权，也就掌握了教育为谁服务、怎样服务的决定权。就可以通过教育推行自己的主张，实现自己的意愿，服务自己的利益。总之，教育权的首要之义，就是决定教育目的的权力。

教育权的最突出的特征，就是决定教育"为谁培养人"的问题。一般来说，教育往往具有保守性，总趋向于培养维护现存社会秩序的人。但是，由于作为一项社会活动的教育本身极其复杂，在一种形态的学校教育中，从教育主办者的意志（近代以来，往往体现为相关教育的"政策"、"法规"等）上看，显然力求通过学校教育，培养维护现存社会制度的人。然而，参加教育活动的人，比如教师，未必只是教育主办者手中的玩偶，他们有自己的思想、意愿和情绪，在权力控制不到的缝隙中，教师的思想、意愿和情绪，包括不符合教育主办者意愿的思想、意愿和情绪，就会悄悄地跑出来，宣传自己的主张，影响学生的思想，从而"干扰""为谁培养人"的既定目标。另一方面，学生也不是简单的接受思想灌输的容器，他们也会通过自己的生活经验，通过选择、分析、判断，决定其对外部传来的思想、意志与情感的取舍与利用。

总体而言，以强势的、公开的与制度保证形式出现的"为谁培养人"的教育，总是体现着统治者的政治意志。

教育权的另一重要特点，就是"培养哪些人"的问题。拥有教育权的人，总是倾向于选择培养本阶级、本阶层的子弟。中外教育发展史在总体上证明了这一点。当然，中国教育史上，的确出现过如孔子主张的"有教无类"的现象。但是，孔子事实上只是一位思想家、教育家，虽然短暂做过一些小官，但这种个人观点，不能代表普遍的社会现实，因此，不能由此否定拥有教育权的人，往往选择自己的子弟接受教育、接受优质教育的社会现实。

中外教育发展史表明，选择什么人作为教育对象，将教育对象培养成什么规格的人才,是政治对教育干预最为激烈的方面之一。这种现象在中国两汉以降的宫廷学校与民间塾学中都表现得很明显,古希腊教育也将自由民与奴隶严格地区分开来。"十六世纪,几乎所有中上层阶级都把孩子送入文法学校或同类型的学校。""为了培养青年贵族为宫廷和国家服务,西欧的贵族普遍要求办理不同类型的教育。"[①]

这一点,几乎又是与第一点息息相关。

二、政治决定教育权的途径

政治决定学校教育的基本办学方向。国家总是通过制定教育法律、教育方针等法规,规定国家教育基本性质,制定学制。任何国家,教育的性质都要服从和服务于其国体与政体,与其国体与政体相一致。所谓国体,即国家性质,是指社会各阶级在国家中的地位。具体地说,就是国家政权掌握在哪一个阶级手中;哪些(个)阶级是统治阶级,哪些(个)阶级是被统治阶级。统治阶级的阶级性质决定着国家性质。政体,即国家政权的组织形式,即统治阶级采取何种形式来组织自己的政权机关。

我国国体是人民民主专政的社会主义国家,政体是人民代表大会制度。1995年3月18日公布的《中华人民共和国教育法》,其总则规定:"教育必须为社会主义现代化建设服务,必须与生产劳动相结合,培养德智体等全面发展的社会主义事业的建设者和接班人。"这是以教育基本法形式对国家教育方针的完整表述。

2002年,中国共产党第十六次全国代表大会《全面建设小康社会,开创中国特色社会主义事业新局面》报告进一步明确了新时期党的教育方针,即"坚持教育为社会主义现代化建设服务,为人民服务,与生产劳动和社会实践相结合,培养德、智、体、美全面发展的社会主义建设者和接班人"。

政治决定学校教育的内容。这一点在人文社会科学方面表现得尤为突出。人文科学,是以人类精神世界及其产品为研究对象的科学,社会科学是以社会生活为研究对象的科学。人文科学涵盖的学科包括文、史、哲及其衍生出来的美学、宗教学、伦理学、文化学、艺术学等,社会科学涵盖的学科主要有经济学、政治学、社会学和法学等。在一般研究方法上,人文科学主要运用意义分析和解释的方法验证人的观念、精神、情感和价值等。社会科学以人类社会为研究对象,它更多的是引进自然科学方法,研究人类社会以及人身上所表现出来的"特定社会的东西"。然而,由于

---

① [英]博伊德、金合著,任宝祥、吴元训主译:《西方教育史》,人民教育出版社1985年2月版,第259页。

"人"与"社会"本质上的一致性和不可分割性,虽然为研究方便,在理论上可以将人文与社会区别开来,而在实际中,"不可能对它们作出任何本质上的分别",所谓社会现象,主要"取决于人的一切特征",而人文在很多方面又都具有社会性。

由此可见,人文社会科学领域表现的价值选择非常突出,政治必然会通过种种手段与途径,影响学校教育中有关这两个方面的教学内容。英国教育社会学家巴兹尔·伯恩斯坦(B. Bernstein)把课程分为两种类型,并引入"分类"和"构架"来分析两种课程之间的区别。通过对两种课程对比,伯恩斯坦认为课程内容的选择范围、教授形式是由一定的编码系统决定的,并操纵在知识权威手中。最后,伯恩斯坦得出结论:课程知识是社会控制和权力分配的结果。[①] 这种影响,主要通过两种形式实现。其一,通过选择,将不赞同的、不认可的内容,从学校课程内容中"驱逐"出去,不允许进入学校教育。其二,通过评价,表明对某些对象或褒或贬的鲜明态度,从而影响学生的价值取向。教育史家博伊德和金谈到欧洲黑暗时代的教会教育时就说:"古代社会过渡到近代社会时期,教会对教育的垄断持续了一千多年,这对欧洲理智生活的影响极大。最明显的结果,是教会把普通知识限制在它的兴趣和教义固定的范围内。"[②]这是政治对教育内容影响的明证。

自然科学,对于我们很多人而言,好像是研究自然现象,揭示其运动规律,与人的价值无涉,完全是"客观"的。但是,在一些后现代主义思想家看来,问题没有这么简单。如法国思想家福柯(Michel Foucault,1926—1984)就认为,"知识或真理是由权力生产并随权力而变化而不具有'客观性'和'纯洁性'"[③]。按照这些后现代学者的观点,自然科学知识的"客观性"、"普遍性"和"价值中立"这些自然科学一再标榜的知识特征,都遭受质疑。因此,学校教育即便在对待自然科学的时候,也不会"客观公正",而表现出一定的价值选择。

政治还会通过影响学校教育教学活动形式影响教育。政治通过这一途径影响教育,因为比较隐晦,所以,往往被很多人忽视。事实上,如果放到一个漫长的教育史中去考察,这一点还是非常明显的。现在世界教育发展呈现出来的趋势性变化之一,就是教育过程更多地关注学生个性、差异性,鼓励学生参与、讨论、争辩与协商,提倡教学对话。这种教育教学形态的变化,虽然也有发展心理学、学习理论与教育学等学科研

---

① 转自赵大星:《伯恩斯坦的知识课程观》,载《宁夏教育》,2007年第6期。
② [英]博伊德、金合著,任宝祥、吴元训主译:《西方教育史》,人民教育出版社1985年2月版,第99页。
③ 转引自郭睿:《福柯的课程观》,载《上海教育科研》,2005年第8期。

究基础与动因,但这一具有现代特色的教育教学形式,实际上也折射出现代民主政治的价值诉求。

三、教育对政治的反拨

另一方面,教育也不仅仅是政治驯服的羔羊,它也会通过培养人,影响政治,影响社会发展。正是看到这一点,历来教育学家与教育家,都希望改革"既定的"教育,实施新的教育,培养"新人",并以此塑造"新的社会"。这在前面提到的洛克的"绅士教育"主张,卢梭提出的"自然人"教育,赫尔巴特提出的"德行是整个教育的代名词",杜威更把"民主的生活方式"和"科学的思想方法"作为教育的目的,提出实施"进步主义教育"等等,所有这些都是把教育作为改造世界的途径,从而也实质上完成对政治的反作用。

联合国教科文组织国际教育发展委员会主席埃德加·富尔指出:"在一段很长时间内,教育推动着、决定着社会与政治的发展和技术与经济的发展。受过较高程度教育的人往往坚持他们作为公民的要求,而且当他们的人数增多的时候,他们就势必要求民主。""教育既是反对社会变革的,同时又是推动社会变化的。"[①]

我国当前进行的基础教育课程改革,正是期望通过对原有课程的课程目标、课程内容、课程实施与课程评价的综合改革,使新课程培养目标适应时代要求。"使学生具有爱国主义、集体主义精神,热爱社会主义,继承和发扬中华民族的优秀传统和革命传统;具有社会主义民主法制意识,遵守国家法律和社会公德;逐步形成正确的世界观、人生观、价值观;具有社会责任感,努力为人民服务;具有初步的创新精神、实践能力、科学和人文素养以及环境意识;具有适应终身学习的基础知识、基本技能和方法;具有健壮的体魄和良好的心理素质,养成健康的审美情趣和生活方式,成为有理想、有道德、有文化、有纪律的一代新人。"[②]实际上就是要对政治发挥影响作用。

在我国一些地区进行实验研究的"新基础教育",也是把培养"主动发展"的新人,作为基础教育改革的最终目的,以此为全球化、信息化时代进入市场经济的中国社会注入新鲜活力。

毫无疑问,政治,尤其是居于统治地位的主流政治意识形态,总是期望教育培养与

---

① 联合国教科文组织国际教育发展委员会编著,华东师范大学比较教育研究所译:《学会生存——教育世界的今天和明天》,教育科学出版社 1996 年 6 月版,第 4 页。
② 教育部:《基础教育课程改革纲要》(试行),2001 年 7 月。

这一政治制度相适应,培养这一制度所需要的人才或接班人。但是,教育与社会的关系并非如此简单。有时候教育也会培养出这个政治制度的掘墓人。比如"五四"时代的青年,当然也是那个时代"教育"——旧教育培养出来的新人,只是这种旧的"正规教育"要达到的目的,在不经意之间却被"非正规教育"的目的替代了。"旧教育"可能会情愿不情愿地传播了新思想,造就了"旧社会"的掘墓人。

第二节 教育与经济

教育与经济的关系,在很长一段时间内,人们更多看到的是经济的基础作用,经济对教育的投入。这当然有合理的一面。然而,教育发展本身可以扩大经济需求、刺激经济发展,成为经济发展的推动力,这也是不容忽视的。此外,教育通过培养知识武装的社会成员,具有更强大的财富创造能力,又成为经济可持续发展、高质量发展的源泉。把教育只是看作"非生产性投资",只是旧时代落后观念的残留。当今世界几乎所有发达国家都把教育投资作为提升国家竞争力的重要措施。

一、教育的经济基础

经济是教育的基础,决定教育的规模、教育形式,影响教育内容。

毫无疑问,教育活动必须具有一定的物质条件。随着现代教育内容的日益复杂精深,其对物质条件的要求也愈高。虽然我们说,决定教育质量的关键是教师,教师质量的高低,决定了相对应的教育质量的高低。这一点,就一般情况而言是不错的。但正如我们一贯强调的那样,教育又是一个极为复杂的社会现象,它的复杂性正随着现代教育的发展而加剧。因此,在我们强调教师质量作为教育的首要因素之后,我们并不盲目轻视经济基础的作用。

一方面,经济为教育提供了物质保障。校舍、学校图书资料、实验器械、药品、教师及其他教育人员的延聘等,无不需要花费金钱,即必然需要一定的经济作基础。另一方面,经济不仅只是为教育发展提供基本的物质条件,它还会影响教育发展的规模和层次。经济不发达,用于教育发展的经费相对较低,就会约束教育发展的速度。此外,经济不发达,经济活动对受教育者的数量、规格要求较低,客观上也造成教育发展的动力不足。在经济发展水平较低的农业经济时代,不但现代科学技术发展受到限制,即使一些已经问世的科技成果,也难以得到教育青睐,将其引入教育领域,作为教育的内容。比如夏历的问世,还有大约于2000年前秦汉时期成书的《黄帝内经》,博大精深,不仅涉及医学,而且包罗天文学、地理学、哲学、人类学、社会学、军事学、数学、生态学等各项人类所获的科学成就。战国时期制作的编钟,汉代问世的浑天仪、地动仪,中国古代的四大发明,等等,不可数计。然而,这些高超的科学技术,蕴含其中的深邃的科学原理,几千年来,一直没有进入中国正规教育的殿堂,成为教育内容。造成这一结果,固然有文化原因、政治原因,但是,经济,尤其是工商业不发达,在一定程度上抑制了教育对科学技术的兴趣,这不能不说是一个重要的原因。

二、教育的社会经济功能

另一方面,教育在某种条件下也会极大地推动经济发展。有关这一论点,美国学者西奥多·W·舒尔茨(Theodore W. Schultz)构建的人力资本理论,有力地支持了这一论点。1960年,他在美国经济协会年会上以会长身份作了题为《人力投资》的演说,阐述了许多无法用传统经济理论解释的经济增长问题,明确提出了人力资本是当今时代促进国民经济增长的主要原因。

人力资本投资与其他方面的投资比较起来,是一种投资回报率很高的投资。舒尔茨对1929—1957年美国教育投资与经济增长的关系作了定量研究,得出如下结论:各级教育投资的平均收益率为17.3%;教育投资的收益占国民收入增长部分中的33%。[1]

20世纪80年代中期,国外学者通过研究得出结论:"教育投资的社会收益仍旧可观,尤其是在人力资本储备稀少的发展中国家更是如此。"[2]90年代中期,21世纪国际教育发展委员会向联合国教科文组织提交的《教育——财富蕴藏其中》的报告中提出:"应该牢记教育不仅仅是一种社会开支,还是一种会产生长期效益的经济和政治投资。""教育投资是经济和社会长期发展的一个必不可少的条件,在危机时期应受到保护。"[3]可见,教育不仅仅是一份需要经济投入的事业,同时也是一项具有重大经济收益的事业。随着知识经济时代的不断发展、教育自身日趋完善,这一点将日益明显。

---

[1] 参看[美]西奥多·W·舒尔茨著,贾湛等译:《人力投资》,华夏出版社1990年版,第26页。
[2] 瞿葆奎主编:《教育学文集·教育与社会发展》,人民教育出版社1993年版,第254页。
[3] 国际21世纪教育委员会报告,联合国教科文组织总部中文科译:《教育——财富蕴藏其中》,教育科学出版社1996年12月版,第161页。

随着知识经济时代的到来,教育在社会经济发展中的作用将越来越明显、越来越重大,这是因为,在知识经济社会中,一方面,高科技产品的研发、生产需要密集的高新技术支持。毫无疑问,这些密集的高新技术一般都只能来自受过良好教育的头脑。只有那些接受良好的教育,尤其是接受良好的高等教育的人员,才具有生产与掌握高新技术的可能。另一方面,现代化先进生产机器、生产工艺,也只有受过良好教育的人员才可操作。教育,在上述几乎每个环节都具有决定性的作用,这仅仅是就生产与科技研发领域而言的,事实上,现代物流、商贸等领域,无不依赖高新技术的支持与受过良好教育的员工的工作。如果说"科学技术是第一生产力"能够成立的话,那么,追根溯源,教育才是真正的"第一生产力"。没有良好的教育,焉能获得良好的"科学技术"?

教育社会经济功能,还表现在教育的合理规模扩张会增加社会需求,刺激经济发展。教育规模扩张到一定程度,对教科书、教育实验器具和文具等的需求,建造房舍引起的物资需求,对教师为主的人员需求,这些都会直接或间接地推动经济的发展。

当然,教育对社会发展的促进作用总是在一定限度内而言的。当教育发展规模超越社会的承受能力,或者,当教育发展过程中内部比例失调,总之,教育发展与社会发展失去平衡的时候,盲目地发展教育规模、教育层次,也会给社会带来负面影响,甚至带来灾难性影响。所以,不可盲目地说"越发展教育越好"。离开社会的承受力,离开社会的需求扩张教育的规模与层次,只会给教育埋下隐患或带来不幸。

三、教育的个体经济功能

教育对于受教育者而言,既是一项需要"投资"才能获得参与权的活动,也是一项可能借此获得更多经济回报的社会活动。个体参与教育活动,最低的投入是个体时间的投入。没有起码的时间投入,教育活动无从进行。在相对穷困的时代,一些学龄儿童,他们之所以没有办法接受教育,主要的原因,是他们贫穷的家庭需要他们过早地承担家庭责任。不但由于贫穷支付不了"学费",也支付不起起码的"学习时间"。其次,接受教育,一般还需要投入相应的费用。固然,随着现代社会义务教育制度建立,儿童在义务教育阶段已经享受"免费"的教育,在非义务教育阶段,仍然存在支付学费的前提。他必须"购买"受教育权。即使在义务教育阶段,一些学生也完全有可能因"教育的缘故",而增加了消费需求,从而事实上增加了儿童抚育的成本。

需要说明的是,教育不仅仅对社会具有重大的经济效益与社会效益,对受教育者而言,同样是一份既需要投入,也可能产生巨大收益的事业。个人也可能通过接受合适的教育,提升自己的知识水平与能力,增加就业途径,扩大就业面,从而提高自己就业的可能性。同样在进入职业现场之后,一个受到更优良教育的人,在职业竞争中也可能居于较为有利的地位。

教育在现代社会中,具有增大个体平行迁徙的可能,也有增大个体社会地位提升的可能与幅度。一个没有受过学校教育的人,或是一个受到学校教育极其有限的人,由于知识能力的限制,使得他既缺乏适应更广泛的社会领域发展挑战的资本,也有可能缺乏冲出自己既定生活圈子的欲望与勇气。缺乏教育,或者说缺乏足够的教育,会成为个体获得更多的利益的绊脚石。这一点,在现代社会变得更加突出。

当然,在论及"教育为个人提供更多的收益"的命题时,事实上已经暗藏着一个前提,即"'教育'等于'好教育'"。显而易见,只有"好教育"、"恰当的教育",才具有这样的功能。然而,十分不幸的是,"学校教育"并非总是能提供"恰当的教育","不恰当的教育"似乎也不是偶尔才有的"极少数现象"。不恰当的教育的存在,不管教育者的主观动机如何,它一般都会给受教育者个体带来更加不利的经济结果。比如,前几年流传的一首挖苦那种初中或者高中毕业回到农村的知识青年的顺口溜,多少就反映了这样一种尴尬。顺口溜说这种人"种田不如老子,养鸡不如嫂子",就是说,这种学生经过十多年教育,升学既无望,又不如那些"不读书的人",连这些没有受过教育的人都会做、都愿做的"种田"与"养鸡"的简单活都难以应对,或不愿去做。不恰当的教育,给受教育者带来的,不但没有"更多的收益",反而连原本应该得到的"收益"也难以保证了。

第三节 教育与文化

教育属于文化范畴,本身就是一种社会文化形态。只是当我们研究教育与文化的关系时,才把教育从"文化"中暂时分离出来,考察其与其他文化形态之间的关系。由于这层关系,教育与文化的关系就极为密切、错综复杂。教育的工具是以文字、符号为基本要素的文化,教育的材料是信仰、世界观与价值观等文化,教育的手段,如实验,也是一种文化,教育的组织形式更是一种文化。而且,教育的目的就是传承与弘扬文化。

一、教育的文化基础

显而易见,文化的发展繁荣,无疑为教育的发展提供了殷实的资源,是教育这棵大树枝繁叶茂的基础。没有这个基础,或是这个基础贫乏,教育的发展与繁荣也是难以想象的。实际上,文化对教育的影响,不仅仅体现在为其提供"教学内容"上,文化又是作为"观念形态"进入人心,必会影响人的心灵,从而影响人的行为与人际关系。这样,作为人际关系的一种形态的师生关系(主要通过教与学建立起来),也必然出现变化。最显著的是,当前我国正在进行的课程改革,倡导"师生平等",提出"教师是平等中的首席",与中国传统师生观念中的"一日为师终生为父"、"师道尊严"等观念的差别,不啻天壤之别。造成这一差别,当然是由于观念形态的文化不同而引起的。这种文化对人际关系的影响,也必然会引申到"教与学"的关系中来,从而影响教学方法与教学形态。

我们在前面提到,陈桂生教授把"教育资料"划分为五个方面(见第一章第二节第9页)。

显然,作为教育三要素之一,这些"作为教育工具的文化"、"作为教育材料的文化"、"作为教育手段的文化"、"作为教育组织形式与活动方式形态的文化",以及"作为教育活动场地、设备的文化"等等,都是构成教育活动的基础。在教育资料众多的组成部分中,"作为教育材料的文化"显然扮演着最为突出的角色。它的丰富或是贫瘠,直接决定着教育活动的发展水平。人类早期尚处于采摘文明、渔猎文明时期,难以有书面教育出现。农耕文明时期,也很难有丰富的科学技术教育。不难想象,当"作为教育工具的文化"贫乏的时候,"作为教育材料的文化"就不可能具有发达的形态,因而必然制约教育的发展。

显而易见的是,电化教育只能是在20世纪初叶录音、录像与幻灯制作出现之后。也只有以电脑技术为中心的现代网络技术出现、成熟之后,现代教育技术才有广泛进入中小学,作为辅助教育教学手段的可能。"作为教育手段的文化"与"作为教育活动场地、设备的文化"越丰富、越充分或越完善,教育就越有可能充分实现教育者的意图。

最后,需要强调的是,"作为教育组织形式与活动方式形态的文化"越能体现现代社会的价值理念,教育就越有可能具有现代特征。正是看到"作为教育组织形式与活动方式形态的文化"在与人交往过程中扮演着的这种重要角色,现代教育开创者杜威竭力打破以分排就坐、以教为主、以学生静听为特征的近代学校课堂教学形式,提出"主动作业",活动教育,主张"做中学"的崭新教学形态,进而培育新人,创造新时代学校,乃至社会的民主文化。

二、教育与文化传承、发展

尽管"文化"是一个令人头疼的概念,但是,我们还是偏向于赞成"文化是人后天习得和创造的"①,是人类社会的独有现象。有人更进一步阐述文化的内涵,认为"文化就是在人们的生存和发展历史中形成并通过人们的各种活动表现和传承的行为方式、价值观念、风俗习惯、语言符号、知识系统的整体"②。

由此可知,教育本身就是一项文化活动,是传播文化、选择文化、加工文化、创造文化的活动形式。

教育目的是教育活动的灵魂。古今中外,教育目的中体现出来的价值观念可能各不相同,甚至相互冲突,但是,通过选择教育内容(文化的主要成分)、传递教育内容并在此过程中实现新人的培育却是不约而同的。文字、技术、工艺与生活经验,通过学校教育代代相传,并有可能发扬光大,是学校教育的基本特点。教育传承文化,这是最容易为人理解的教育特点,也是最明显的特征之一。事实上,人类累积的生活经验、生产技能、行为习惯、符号体系、知识系统与价值观念,就是通过教育代代相传、星火相递的。的确,传播文化的功能是教育最基本的功能。

然而,教育传承文化并不是一个简单或曰"公正"的行为。教育在从事文化传承的活动中,由于受到教育活动"利益攸关者,尤其是握有教育决定权的主宰者"政治经济利益的影响,或者受到价值观念、生活视野的限制,教育在他们的安排下,对文化的传承表现出很浓的"人为的"色彩,甚至有很大的偏见。我们在前面讨论"教育与经济的关系"的时候,提到在中国古代,一些科学技术与职业技术之所以未能纳入"教育内容"之中,得到有效的传承,固然与中国古代经济发展水平较低有关,但与中国古代儒家文化占统治地位的价值观念不无关系。我们知道,儒家文化一向重视修身养性的伦理熏陶,一向重视安邦治国、经天纬地的志向陶冶,他们主张"劳心者治人,劳力者治于人"。对工商技术一向视作贩夫走卒所为,士大夫之流耻于谈论这些技艺之学,更不用说学习研究。及至清末,一些王公大臣依然将外国先进科学技术及其产品斥为"奇技淫巧"加以蔑视。所以,纵使中国古代有着光辉灿烂的科学技术文明,然而这种文明却得不到应有的传承,更不用说"发扬光大"了。再如,近代以来,中国社会随着科学技术的引进,西方文化席卷而来,在"科学化"思潮裹挟之下,中国古代学术在"不科学"的名义下,受到莫名的排斥,中医中药也受到强烈的挤压,所有这些事例都说明,教育对文化的传承,充满着价值选择,充满着学术偏见,甚至充满着意识形态的斗争。所以,英国

---

① 郑金洲著:《教育文化学》,人民教育出版社 2000 年版,第 3 页。
② 石中英著:《教育学的文化性格》,山西教育出版社 2005 年版,第 86 页。

教育社会学家麦克·F·D·扬指出:"教育并不是一种像汽车和面包那样的产品,而是在特定时间中对知识的一种选择和组织,其中的选择有时是有意识的,有时是无意识的。"[1]美国后现代课程学家迈克尔·W·阿普尔更加尖锐地指出:"当斯宾塞提醒教育者,我们应当对学校教育过程提出的最基本的问题之一是'什么知识最有价值'时,他并没有错。然而,这是一个具有迷惑性的简单化问题,因为有关应当教什么的冲突是尖锐而深刻的。它不'仅仅'是一个教育的问题,而且从本质上讲也是一个意识形态和政治的问题。"所以,他提出,我们应该还要追问"谁的知识最有价值"。[2] 这可算是对教育传承文化功能不留情面的评论,揭示出教育对文化抉择的实质。

但不管如何,我们不能因此否定教育传承文化、推动文化发展的作用。

三、教育作用文化的形式

教育以两种最为显著的形式作用于文化。

首先是选择与加工。这在上面已经有所交代,此处我们再作进一步讨论。一个时代创造的文化丰富多样,甚至可以说浩如烟海。哪一些文化会被选中,作为学校教育的材料,是一个极为复杂的社会现象。在这一过程中,既体现了人类的某种文化共识,也反映着特殊人群(族群、社会团体等)的特殊价值观念。在漫长的中国社会中,一些工农业、商业、自然科学知识,长期不能进入学校教育体系成为教育材料,就反映了中国传统文化中,轻视器用、鄙视工商的儒道文化特色。所以,即便极为高深的《黄帝内经》早就出现在战国时期,真正进入学校教育恐怕还是近几十年的事情。尽管地动仪、浑天仪问世于两汉,但直到20世纪中后期才能进入中小学课本。

可见,教育对文化的选择带有多么强烈的"个性色彩"。

在社会科学与人文领域,教育对文化的选择,恐怕已经不能仅仅用"个性色彩"来形容了,很多时候表现的是价值的"偏见"。这里以"偏见"表述,并不是一个准确的说法,因为我们看到,教育在对文化选择的时候,几乎无法摆脱"偏见"。当这种所谓的"偏见"反映、顺应了社会发展大势时,就是正确的"洞见"。在教育发展史上,某一宗教受到追捧,另一宗教遭受打压,一种文化得到弘扬,另一种文化受到诋毁,早已是不争

---

[1] [英]麦克·F·D·扬著,谢维和等译:《知识与控制——教育社会学新探》,华东师范大学出版社2002年8月版,第31页。
[2] [美]迈克尔·W·阿普尔著,黄忠敬译:《意识形态与课程》,华东师范大学出版社2001年12月版,第二版序言。

的事实。

教育通过对姿态万千的文化进行选择，表明自己或明或暗的价值诉求，从而影响义化发展、文化生态。在这一过程中，某些文化得以弘扬，不断壮大，另一些文化却受到贬抑，黯然消逝。倡导进步主义教育的杜威正是看到了教育的这一特性，他告诫说，"学校环境的职责，在于尽力排除显存环境中的丑陋现象"，"学校有责任从环境中排除它所提供的这些坏东西，从而尽其所能抵制它们在通常社会环境中的影响。学校选择其中最优秀的东西，全部自己使用，努力强化它们的力量。随着社会变得更加开明，学校认识到它的责任不再把社会的全部成就传递下去，保存起来，而只是把有助于未来更美好的社会的部分传递和保存起来"①。

其次，教育通过自身活动形态选择，也会间接地影响文化。我们在前面已经提到，近代教育以班级授课制形式，以教师讲、学生听的形式，以秧田式排座形式为基本特色，反映的是工业化效率至上的思维方式，塑造的是一种威权文化。这种教育形态，显然不利于民主文化的养育。杜威进步主义教育的核心追求，就是要打破这种教育形态，实际上就是要通过教育形态变革，重塑学校文化，为现代社会培养具有民主意识、民主能力与民主习惯的现代公民。所以，杜威这一句话，便道出了其中的奥秘。

最后，学校人际交往文化，尤其是师生交往文化也对文化生态产生影响。秉承客观主义真理观的教师，更会以一个"真理化身"的形象出现在学生面前，以"告诉"的方式，把"真理"交给学生，学生以"臣服"的姿态接受真理。在这一师生人际关系运作过程中，无形之中孕育着威权文化、盲从心态和被支配的习惯。相反，坚持真理相对性的教师，更愿意以"商讨"的方式与学生讨论真理的条件、适用的时机与对象，在平等交往过程中，认识"真理"的实质，把握真理适用对象与场合。在这样的师生交往中，学生不但掌握了"真理"，更为重要的是学会了尊重、怀疑、探索与商讨，养成了自主的习惯、民主的作风与探究的能力。一种新的民主文化在潜移默化中慢慢地孕育起来。虽然这里讨论的仅仅是两个典型的情况，但更多的类型所体现出来的学校师生交往文化对社会文化影响的原理是完全一致的。

分析与应用

一、教育既是一种人类文化现象，又与其他文化现象构成十分复杂的关系，如何

---

① [美]杜威著，王承绪译：《民主主义与教育》，人民教育出版社 2001 年 5 月版，第 26、27 页。

看待教育活动中的文化基础?

二、教育如何影响政治?请试作分析。

三、有一位学者在某地批评当地政府一些违法拆迁行为,当地个别官员生气地说:"不是我们拆迁,谁来养活你们这些老师?"请根据你学到的有关教育与经济的关系,评析这位官员的言论。

四、西方发达国家的学校与班级,近年来都呈现出小型化趋势,我国不少地区目前正忙着"撤点并校",还有一些人把动辄几千人的中学、小学称为"教育的航空母舰",结合本章所学理论,评析这一社会现象。

第四章 教育与学生个体发展

叶澜教授吸收其他学者思想,并从方法论角度对现有影响个体发展的三因素理论进行批判,提出影响个体发展的基本因素有"可能性因素"与"现实性因素"之分。"可能性因素",包括个体自身条件(先天及后天的身心素质。其中,后天的系指个体发展每一阶段业已达到的身心发展水平);影响个体发展的"可能性因素"中,还包括"环境条件"。个体生存、发展赖以凭借的物质条件、社会条件,是个体发展的基础,为个体发展提供必不可少的"可能性"。离开环境,或者说离开个体发展必备的基础性条件,个体发展将会遭遇巨大的阻碍,甚至失去可能性。这是影响个体发展的第一层级因素。"现实性因素"是指个体进行的各种生命实践活动,是影响个体发展的第二层因素。这是因为,个体自身条件只是具备个体进一步发展的内部机制与外部基础,尤其是在社会性(区别于生理性)心理发展层面,"可能性因素"不会自动、充分转化为个体发展的现实。由此提出,促进个体从"可能性"发展状态朝着"现实性发展"的推进器,就是"个体所亲历的或指向外部世界的,具有目的性的活动"[1]。显然,这种"活动"的自觉性与质量,对个体发展具有重大的意义。

第一节 教育的生理基础

一、教育的遗传基础

在生物界,遗传是生物具有的一种普遍属性,它使得生物前代与后代之间在特征上具有相似性。遗传学对"遗传"的严格定义是:"所谓遗传是指亲代将自己的生物特征传递给子代的过程,通过遗传,子代就从亲代那里获得了亲代的生物特征,子代所获得的生物特征就是遗传素质,如机体的构造、形态及机能等。"[2]说得通俗一些,遗传,

---

[1] 叶澜著:《教育概论》,人民教育出版社2006年6月版,第211页。
[2] 刘电芝主编:《儿童发展与教育心理学》,人民教育出版社2006年8月版,第38页。

就是指儿童从母体中继承来的所有生理特质、机能等基础,是先天的。遗传为教育奠定基础。一个先天在生理上存在残缺等障碍的儿童,就给教育活动带来困难,有时甚至使教育完全失去作用。相反,一个生来资质聪颖的儿童,不仅为高效教育提供可能,也为高质量教育留下更宽广的空间。

孔子说:"唯上智与下愚不移。"今人杨树达先生解释这句话,意思是:"只有上等的智者和下等的愚人是改变不了的。"① 可见,古人已经隐约意识到,教育要想达到预期的目的,是需要一定的遗传条件的。当代儿童生理学、儿童发展心理学、教育学等学科研究表明,在儿童这一方面来说,儿童在遗传方面如果存在问题(尤其是比较严重的问题),就会给教育活动带来挑战。

但是,研究也显示,在自然分布的人群中,以遗传的智力发展状况而论,超常智力(智力低于比奈量表测试值70,高于130)的人是极少数,智力卓越与智力低下者,各占总人群的1%左右。其余,比奈量表测试值在70—89之间的占19%;在90—109之间的占60%;在110—129之间的占19%,高于130的占1%。② 当前,对弱智(或曰心理迟滞)儿童比例的进一步研究表明,深度迟滞者只占极少数。③ 所以,一般而论,教育者完全有理由对每一位学生的发展怀抱期望与信心。需要指出的是,教育不是一项纯粹的"生物性"行为,而是基于一定生理遗传素质之上的社会性行为。教育也不是一项纯粹"生产性"行为,而是基于博爱之上的道义行为。以"遗传"为理由,偏爱或者放弃某些儿童的倾向,与当代教育倡导的"全纳教育"、"全人教育"的思想是格格不入的。④

---

① 杨树达译注:《论语译注》,中华书局1980年版,第181页。
② 林崇德著:《我的心理学观——聚焦思维结构的智力理论》,商务印书馆2008年版,第117页。
③ [美]约翰·W·桑特洛克著,桑标等译:《儿童发展》(第11版),上海人民出版社2009年12月版,第252页。
④ "全纳教育"是1994年6月10日在西班牙萨拉曼卡召开的《世界特殊需要教育大会》上通过的一项宣言中提出的一种新的教育理念。全纳教育主张接受所有学生,反对歧视排斥,促进积极参与,注重集体合作,满足不同需求。因而也是一种没有排斥、没有歧视、没有分类的教育。"全人教育",是指教学时了解学生的心理需求、能力、经验、性格、意愿等主观条件,在充分考虑这些因素的基础上进行教学活动,从而激发学生求知欲、学习动机,达到快乐学习的境界。"全人教育"的基本理念,强调人的教育应该是整体性的、全面性的,同时考虑到受教育者个体发展需要与顺序,惟其如此,个体才能在心智及体魄等方面得到健全均衡的发展。就是说,要让受教育者个体不仅学习各种知识,还要接受道德与正确的价值观,并且进一步形成相应的能力。更重要的是帮助受教育者拥有追求"真、善、美"的人生目标的愿望与能力,使他们懂得如何走正确的路,做正确的事,如何面对生活中的危机与挑战,成为一个有益于社会的人。

表 4-1 心理迟滞儿童比率

心理迟滞类型	IQ 分布	百分率
轻度	55—70	89
中度	40—54	6
重度	25—39	4
深度	25 以下	1

二、行为遗传学中的曙光

最近 20 年兴起的行为遗传学,是探究遗传和环境对人类特质和发展中的个体差异所产生影响的学科。在这一学派中,有两类学说特别引起我们关注:其一就是"遗传—环境关系"说。

行为遗传学家桑德拉·斯卡拉(Sandra Scarr,1993)描述了遗传与环境的三种联系方式。①

表 4-2 遗传与环境的关系

遗传—环境关系	特征描述	举 例
被动的	儿童从父母处继承了遗传倾向,父母也为儿童提供了与他们自身遗传倾向相匹配的环境	有音乐天赋的父母通常会生出有音乐天赋的孩子,也会为孩子提供丰富的音乐环境
唤起式的	儿童的遗传倾向引发了支持这种特性的环境刺激。这样,基因唤起了环境的支持	乐观、外向的儿童会引起别人的微笑和友好反馈
积极的(进取的)	儿童积极地在能反映自身兴趣和天赋的环境中寻找自身的"位置",这样就与他们的遗传类型相吻合	如果儿童对读书、体育或者音乐有天赋,那么图书馆、运动场或者乐器店就会成为这些儿童孜孜以求的环境位置

另一个则是"渐成"说。"渐成说"的代表性学者吉尔伯特·哥特利布认为:"发展是遗传与环境正在进行的、双向的互换结果。"②这一学说认为,发展是遗传与环境正在进行的、双向的互换结果。他们举例说,比如一个婴儿,"在受精时继承了父母双方

---

① [美]约翰·W. 桑特洛克著,桑标等译:《儿童发展》(第 11 版),上海人民出版社 2009 年 12 月版,第 82 页。
② 同上书,第 83 页。

的基因。在出生之前的发育过程中,毒素、营养和压力能使某些基因停止作用于人,而另一些则作用增强或减弱。到婴儿期,毒素、营养、压力、学习、奖励物等环境经验继续修改基因的活动"①。

我们欣赏这两种学说超越早期遗传决定论的狭隘,但是,不管是"遗传—环境关系"说,还是"渐成"说,它们都过分夸大了遗传的作用,而本质上把"环境"因素作为一个"被动的"因素加入到影响儿童发展的过程中。事实上,在我们看来这与传统的"遗传决定论"相比,可能只是"五十步笑百步"的差别。1996年,美国耶鲁大学的斯滕伯格在研究智力发展时提出了"成功智力"理论。他认为:"所谓成功智力,就是为了完成个人的以及自己群体或者文化的目标,从而去适应环境、改变环境和选择环境的能力。"②这虽然只是从儿童智力发展与环境关系角度提出的研究成果,但对儿童发展与环境关系研究同样具有重要启发意义。儿童在遗传基础上选择与环境的某一点相互作用,以及作用程度,不会仅仅由遗传这个单一的因素决定,同样会受到儿童生存的文化影响。这种文化影响也许是悄悄的,但却是持久与卓著的。当代哲学家哈贝马斯有过一段精彩的论述,他说:"一个被以某种语言并且以无论何种生活的文化形式社会化了的人,都不能不参与交往实践,也因而不能不立足于某些我们视作属于普遍意义的前提。重建交往行动这些不可避免的前提的直观内容,在于揭露行为的观念化的网络,一旦行动和交往的主体们参与这样的文化实践,他们就显现为介入到这个网络的内部,而不能够从中摆脱。"③可以看到,文化对生活与文化环境中的个体影响是巨大的、无孔不入的。在儿童发展过程中,儿童在遗传基础上对环境因素的抉择,不可能摆脱文化因素的影响。随着儿童年龄增长,这一点会表现得越来越强烈。

三、可能性发展与现实性发展

起码的或者说良好的生理遗传素质是儿童发展的基础。但是,正如上一节行为遗传学阐发的那样,所谓遗传素质,并不是固定不变的,遗传素质本身既有继承性的一半要素与形态,同时随着机体发育成长,也在或衰亡、或增强,处于动态之中。即使机体发育保留下来的所谓"遗传素质",虽然为儿童发展的方向与品质提供了基础,但是,这一基础只是为儿童进一步发展提供了可能性,而儿童事实上所能取得的发展,还要取

---

① [美]约翰·W·桑特洛克著,桑标等译:《儿童发展》(第11版),上海人民出版社2009年12月版,第84页。
② 林崇德著:《我的心理学观——聚焦思维结构的智力理论》,商务印书馆2008年版,第93页。
③ [德]尤尔根·哈贝马斯著,沈清楷译:《对话伦理学与真理问题》,中国人民大学出版社2005年版,第16页。

决于儿童生活其中的环境以及儿童与环境实际发生的作用。如果进一步分析这种作用的效果,需要结合儿童与环境相互作用的方向与力度。所以,儿童从可能性发展状态过渡到现实性发展状态,既不是一种必然的结果,也不是循着一个固定轨迹发展的结果,这中间充满变数。这种变数,赫尔巴特在150多年前似乎就已经隐约觉察到它的存在,将其概括为"可塑性",并认为这是教育学的"基本概念"。他认为,可塑性"甚至延伸到物质的元素。按照经验,它可一直追踪到那些有机体新陈代谢的元素。在高等动物的心灵中显示出意志可塑性的迹象。但是,我们只能从人身上看到意志转化为道德的这种可塑性"[1]。

或许,有人不赞成这样的判断,认为赫尔巴特的"可塑性"只是单纯地强调"教育"的力量,即儿童外部力量在儿童发展中的作用。不错,由于时代的局限,赫尔巴特不可能如我们今天行为遗传学这样看到更多有机体遗传素质本身的"可塑性",但是,在上面的一段话中,他明确提出了可以从"人身上看到意志转化为道德的这种可塑性"。他还警告:"教育学却也不能假定可塑性是无止境的,心理学则可防止这种谬误的发生。"[2]我们有理由相信,这里的"人"不仅是"教育者",也应该包括"受教育者"。而且,纵观赫尔巴特教育学体系,我们发现赫尔巴特对学生"多方面兴趣"的高度重视。他说:"当我们仿佛把人类活动的萌芽折断的时候,当我们虽然绝不阻止内心活力的各种表现,而也许阻止了其极端表现的时候,兴趣的观念便产生了。什么是被折断的呢?或者什么是被阻止的呢?那就是活动以及直接促成活动发生的欲望。因此,欲望与兴趣结合在一起就是表现人类冲动的全部。"[3]从这一段话中我们可以清楚地看到,赫尔巴特的"可塑性"概念中蕴含的人(儿童或受教育者)的内在因素对人的发展的影响,所以,他的"可塑性"绝不仅仅是一个纯粹强调环境因素的概念,强调教育的概念。他已经在儿童的内在因素(包括生理因素)与外在因素的互动中,考虑人的发展问题了。

我们可以说,儿童的遗传素质提供的儿童发展的可能性基础,不管是对儿童发展的方向还是对儿童发展的程度,都有待于儿童与包括教育在内的环境相互作用,最终促成可能性向现实性转变。

著名教育学家叶澜教授提出人的发展"二层次三因素"学说,是"用动态的、系统

---

[1] [德]赫尔巴特著,李其龙译:《普通教育学·教育学讲授纲要》,浙江教育出版社2002年4月版,第207页。
[2] 同上书,第208页。
[3] 同上书,第61页。

的、辩证的思维方式重新认识因素的结构及其在人发展的全过程中的变化模式"[①]。她深刻地指出,学校教育,作为一种特殊的综合因素,"包含着特殊个体、特殊环境和特殊活动因素",存在于二层次三因素之中。由于学校教育自身具有的"目的性、计划性与组织性",自然应该也有可能对儿童发展发挥"引导"作用。

这不仅仅是教育学100多年以来给我们的重要启示,也是心理学研究揭示出来的重要研究成果。

第二节 教育与儿童发展阶段

在儿童不同的发展阶段,要施以不同的教育,是一个不难为人理解的道理。但儿童发展的某一阶段的生理、心理状况到底如何,这种差异又会给儿童学习带来何种变化,教育应如何针对性地展开,既是一个非常现实的教育实践问题,无疑也是一个非常复杂的理论问题,它牵涉到很多学科。

持"遗传决定论"的学者,一般不会关心这个问题。因为在他们看来,儿童发展即使具有阶段性差别,也是遗传的后果与作用,人力无法改变,因而也与教育没有关系。英国心理学家、优生学的创始人高尔顿(1822—1911)断言天才是遗传的。持"成熟决定论"的学者,如格赛尔,也对教育在儿童发展过程中所起的作用持怀疑态度。

与此相反,西方心理学史上又有一些过分注重教育对儿童发展的影响的心理学家,如美国行为主义心理学家约翰·布鲁德斯·华生(1878—1958)。他曾说:"给我一打健康的婴儿,并在我自己设定的特殊环境中培育他们,那么我愿意担保,可以随便挑选其中一个婴儿,把他训练成为我所选定的任何一种专家——医生、律师、艺术家、小偷,而不管他的才能、嗜好、倾向、能力、天资和他祖辈的种族。不过,请注意,当我从事这一实验时,我要亲自决定这些孩子的培养方法和环境。"[②]显然,这里的"培养方法和环境",主要就是指他所预想的教育方法,或曰特殊的学校教育。这不仅完全排斥了遗

[①] 影响人的发展因素可分为:对个体发展的潜在可能产生影响的因素和对个体发展从潜在可能转化为现实产生影响的因素两大类,这两类因素对个体发展的影响分别处于"可能性"与"现实性"两个层次上,两个层次中共含有三大因素。在"可能性"层次上,包含个体自身条件(包括先天与后天,后天指每一阶段发展主体已达到的身心发展水平)与环境条件。现实性因素是指发展主体所进行的各种类型的实践活动。参见叶澜著:《教育概论》,人民教育出版社2006年6月版,第196页。
[②] [美]约翰·布鲁德斯·华生著,李维译:《行为主义》,浙江教育出版社1998年版,第95页。

传在人发展中的作用,也否定了个体自身的能动作用。

以下,我们从皮亚杰认知发展阶段说、埃里克森人格发展阶段说及科尔伯格道德发展阶段说三个方面,讨论教育与儿童发展阶段的关系。

一、皮亚杰认知发展阶段说

对儿童认知发展阶段研究,影响最大的是瑞士心理学家让·皮亚杰(Jean Piaget, 1896—1980)。皮亚杰认为,儿童认知发展不是一种简单数量的累积过程,而是儿童认知图式不断重建的过程。从认知图式的性质出发,他把儿童认知发展划分为四个阶段:感知运动阶段(0—2 岁);前运算阶段(2—7 岁);具体运算阶段(7—11 岁);形式运算阶段(11—15 岁以后)。"运算"是皮亚杰从逻辑学和数学中借来的概念,用以表明儿童思维不是杂乱的,而是有组织的。

认知发展阶段理论认为,儿童在每个阶段有不同的认知功能和形式,有不同质的认知水平,具有恒常性的发展顺序。儿童认知发展的每一阶段都建立在前一阶段发展基础之上,不能跳跃。

1. 感知运动阶段

从出生到两岁左右,儿童处于感知运动阶段。这一时期儿童,主要靠感觉和动作来认识周围世界,此时儿童智力还不具有运演性质。这时,儿童还不能对主体与客体作出分化,因而,皮亚杰认为,儿童在这一时期所具有的只是一种"图形的知识"(figurative knowledge),即仅仅是对刺激的认识。婴儿看到一个刺激,如一个奶瓶,就作出吮吸的反应。处于一岁到两岁之间的儿童,发生了一种哥白尼式革命。这时,他的活动不再以主体身体为中心,主体身体被看作是处于一个空间中的诸多客体中的一个。活动既是这一阶段儿童感知的源泉,又是其思维发展的基础。

2. 前运算阶段

两岁到六七岁儿童,开始以符号为中介描述外部世界,认知开始出现象征(或符号)功能,如能凭借言语和各种示意手段来表征事物。当然,这时的儿童认知,对感知运动经验仍有较大依赖性,但大部分是依赖表象的心理活动。这一阶段儿童,感知—运动智力的图式还不是概念,因为他们还不能在思维中被实际运用,他们发挥作用仅限于实践上的和实物上的。儿童在实践中遭遇挫折时,他是依靠直觉调整,而不是依靠运算。例如,当两根等长的小木棍两端放齐时,儿童才认为它们等长;若把其中一根朝自己面前移一些,儿童就会认为前移的这一根更长一些。

3. 具体运算阶段

儿童约在六七岁到十一二岁时,认知处于具体运算阶段。皮亚杰认为,六七岁这个年龄一般是儿童概念性工具发展的一个决定性转折点。儿童开始能够进行具体运算,就是说,儿童可以在与具体事物相联系的情况下,进行逻辑运算。这时,儿童思维已具有可逆性与守恒性,守恒性是这个阶段儿童认知的最重要的特点与标志。例如,我们把一只足球放在一些篮球中间,然后当着儿童面把这只足球从篮球中拿出来,再放在一些排球中间。面对"足球"位置的变化,参照物的变化,这个阶段的儿童能够推理,认定这是同一只足球,知道足球不会因为改变地点与变换参照物而出现大小变化,因此这只足球不会比在篮球中时更大些。

4. 形式运算阶段

从十一二岁左右,儿童认知开始不再依靠具体事物来运算,而能对抽象的和表征的材料进行逻辑运算。儿童思维特点是"有能力处理假设而不只是单纯地处理客体","无需具体事物作为中介"。皮亚杰认为形式运算是最高级思维形式。形式运算的主要特征是它们有能力将形式与内容分开,用运算符号来替代其他东西。

皮亚杰在概括自己的认知发展阶段学说时强调,认知发展各阶段出现的一般年龄,虽因各人智慧程度或社会环境不同可能不尽相同,但各阶段出现的先后顺序不会改变。而且,各个阶段作为一个整体结构,它们之间不能彼此互换。每个儿童经历这四个阶段,这四个阶段的前后顺序总是一定的,不可改变的。当然,儿童进入某一特定的认知发展阶段的具体年龄会有个体差异,文化或其他环境的影响也会延缓或促进儿童智力的发展,改变儿童进入某一阶段的确切年龄。[①]

儿童认知发展阶段学说,为更加合理地展开因材施教的教育提供了基本的依据与方向,从而帮助教育理智地避免不顾儿童认知特点而简单灌输的陋习。

二、埃里克森人格发展阶段说

埃里克森(Erik Erikson,1902—1994)是从人格发展划分儿童发展阶段的著名心理学家。他认为,人的自我意识发展从出生开始直至死亡,持续人的一生。他把人一生自我意识的形成和发展过程划分为八个阶段,各个阶段顺序由遗传决定,但人能否

[①] 本部分内容,较多地参考了[瑞士]皮亚杰著,王宪钿等译:《发生认识论原理》,商务印书馆1981年9月版;施良方著:《学习论——学习心理学的理论与原理》,人民教育出版社1994年5月版相关内容。

顺利渡过每一阶段却由环境决定。他继承了弗洛伊德精神分析学说的合理性,又提出了自己的一些新见解。他不同意弗洛伊德认为人的行为主要驱动力源于性的本能的观点,在承认生理机制在人的发展过程中的重大意义之后,提出人希望其他社会成员接纳的愿望,是人的行为的主要驱动力。也就是说,他否定生理主导人的行为,而转向主张社会性是主导人的行为的源动力。人们将这一理论概称为"心理社会发展理论"。

表4-3 埃里克森心理社会性发展八阶段简表

埃里克森提出的阶段	年龄跨度
自我实现对失望	成熟期(65岁以后)
繁殖对停滞	成年期(25—65岁)
亲密对孤独	成年早期(18—25岁)
同一性对角色混乱	青春期(12—18岁)
勤奋对自卑	学龄期(6—12岁)
主动对内疚	学龄初期(3—5岁)
自主对自我怀疑	儿童期(1—3岁)
信任对不信任	婴儿期(0—1岁)

埃里克森人格发展理论,为不同年龄阶段人员的教育提供了理论依据,他认为:任何年龄段的教育失误,都会给人的终生发展造成阻碍。

以下,我们只对埃里克森心理社会发展理论有关学校教育的阶段,即从儿童出生到青春期儿童人格发展理论作简单的介绍。

1. 婴儿期(0—1岁):信任对不信任

埃里克森警告,不要认为刚降生的婴儿是可以随意打发的小动物,吃饱不哭就行。事实上,婴儿从一生下来,人格发展就已经开始。初生婴儿与成人(父母或其他看护)之间的交往,是婴儿对环境建立基本信任感的基础。此时,如果婴儿获得较好的照料,身体舒适,有安全感,儿童将会建立信任感。反之,则缺乏信任。这些信任的获得与否,都将对婴儿一生安全感的建立产生重大影响。

2. 儿童期(1—3岁):自主对自我怀疑

这一时期,儿童掌握了大量的爬、走、说话等技能。如果在第一阶段获得了对外部世界的基本的信任感,就容易获得自主感,有一种自己是一个有能力的人的自信。伴随着爬、走、说话等技能增长,他们开始意识到自己的意愿,儿童开始"有意愿"地决定做什么或不做什么。此时,宽松、友善但又有合适约束的环境,可以很好地帮助儿童获得不丧失自尊的自我控制能力。这一时期,可以看到,儿童与父母之间的冲突开始出现,这就是人生出现的第一个反抗期。一方面父母必须适度控制儿童行为,使之符合社会基本规范,即养成良好的习惯。如训练儿童良好的大、小便习惯,饮食习惯与作息习惯等;另一方面儿童开始有了自主感,他们往往坚持自己的进食、排泄方式,这样的方式又总让成人觉得"莫名其妙",更为头疼的是,儿童往往不把成人的"指教"当作一回事。所以,此时训练儿童良好的习惯不是一件轻而易举的事。但是,成人不能对儿童一些不良习惯听之任之,因为,这将不利于儿童社会化。然而,假若成人过分严厉,又会伤害到儿童的自主感和自我控制的能力。因此,成人如何把握好"指教"与"尊重"儿童合适的"度",的确是帮助儿童建立健康人格进而形成良好意志品质的一门艺术。

3. **学龄初期(3—5岁):主动对内疚**

这一时期,儿童能力得到进一步增强,儿童接触世界的范围显著增大,他们遇到的困难也随之增多,挑战也随之增大。为了更好地应对这些挑战,儿童主动的、有目的的活动显得十分重要。如果儿童此时表现出的主动探究行为受到鼓励、引导,他们就可能形成主动性,也为他们将来成为有责任感、有创造力的人奠定良好的基础。如果他们感到自己无法承担责任,并由此产生焦虑时,内疚感就会产生。不过埃里克森也相当乐观地认为,儿童此时大部分的内疚感很快会消失而被成就感取代。

4. **学龄期(6—12岁):勤奋对自卑**

这一阶段儿童现在一般都开始在学校接受教育。学校是训练儿童适应社会、掌握基础知识和基本技能的场所。如果儿童能顺利地完成学校各门课程,他们就会感到自己有能力获得勤奋感,这使他们在今后的独立生活和承担工作任务中充满信心。如果有些儿童害怕挫折或在课程学习中屡受挫折,就会产生自卑感。埃里克森认为,教师面对这一时期的儿童,有责任帮助他们克服自卑感,建立勤奋感。但是,建立这样的勤奋感,不是在拒绝挑战中可以实现的。相反,教师应该"适当地但是坚定地让孩子去尝试一些自己认为做不到的事情,让他们去发现经过勤奋和努力自己有能力出色地完成任务"[①]。

当儿童勤奋感大于自卑感时,他们就会获得有"能力"的人格品质。

5. **青春期(12—18岁):同一性对角色混乱**

人生进入青春期,随着生理变化加剧、人际关系的日益复杂,造成青少年自我角色

[①] 转引自[美]约翰·W·桑特洛克著,桑标等译:《儿童发展》(第11版),上海人民出版社2009年12月版,第35页。

认同的困难。这种困难又是导致青少年自己焦虑与不安,从而造成自我角色认同混乱。一方面青少年本能的冲动高涨会带来问题,另一方面更由于青少年面临新的社会要求和社会冲突而感到困扰和混乱。所以,埃里克森认为,父母要允许青少年在一个特定的身份中探索自己的不同角色。

埃里克森认为,如果青少年较好地解决了自我角色认同,那么,积极的自我得以形成,这一阶段的角色危机就可以得到克服。否则,青少年只是接受成人强加的角色,而不会形成积极的自我。

三、科尔伯格道德发展阶段说

科尔伯格(Lawrence Kohlberg,1927—1987)是美国著名的教育心理学家。科尔伯格从人的道德发展视角,将人从出生到15岁之后,划分为三个水平六个阶段(如果包括"阶段零",将是七个阶段),提出了"在各种文化中具有普遍性的道德发展阶段"理论。

在这一理论中,科尔伯格提出"习俗"这一重要概念。他认为:"'习俗'一词指的是个体仅仅因为它们是社会的准则、期望和习俗,而遵守和坚持这些准则、期望和习俗。"[①]以下我们作具体介绍。

1. 阶段零:前道德阶段

科尔伯格研究表明,"处于这一阶段的儿童,既不理解规则,也不能用规则和权威判断好坏",也就是说,这一阶段儿童还完全不具有"道德意识"。所以,科尔伯格称其为"前道德阶段"。前道德阶段实际上就是无道德阶段。儿童这时的行为,"受他自身能做什么和想做什么所支配"[②]。

2. 前习俗的水平

处在这一水平的儿童:"能够区别文化中的规则和好坏,懂得是非的名称,但是他是根据行为对身体上的或快感上的后果来解释好坏的(受罚、得奖和交换喜爱的东西),或是根据宣布好坏的人们的体力来分辨好坏。"[③]可以说,他的道德观念是纯外

---

① [美]科尔伯格著,魏贤超等译:《道德教育的哲学》,浙江教育出版社2000年5月版,第98页。
② Kohlberg, L. & Uuriel, E., Moral Development and Moral Education. In Lesser, S. G. (Ed.), *Psychology and Educational Practice*, 1971. 转引自瞿葆奎主编,余光等选编:《教育学文集·德育》,人民教育出版社1989年3月版,第444页。
③ 同上注。

在的。他为免受惩罚或获得奖励而顺从权威人物。

这一水平分为两个阶段:

阶段1:惩罚与服从为定向。这一阶段儿童根据行为对自己身体上产生的后果来判断行为好坏,而不管这种行为后果对人有什么意义和价值。他认为避免惩罚和无条件服从权威本身就是价值。他还没有真正的道德概念。

阶段2:以工具性的相对主义为定向。科尔伯格认为,这一阶段儿童道德价值来自对自己需要的满足,他不再把规则看成是绝对的、固定不变的。评定行为好坏主要看是否符合自己的利益。"人们之间的关系是根据像市场地位那样的关系来判断的。儿童知道了公平、互换和平等分配,但是他们总是以物质上的或实用的方式来解释这些价值。"[1]

3. **习俗的水平**

科尔伯格认为,处在这一水平儿童,能着眼社会,"按照个人家庭、集团或国家所期望人们做的去行事就被认为它本身就是有价值的",开始以社会成员的角度思考道德问题。能了解社会规范,并遵守和执行社会规范。此时,规则已被儿童内化,按规则行动被认为是正确的。

习俗水平包括两个阶段:

阶段3:以人与人之间的和谐一致或"好男孩—好女孩"为定向,也称"好孩子"定向阶段。科尔伯格认为,这一阶段儿童,个体道德价值以人际关系的和谐为导向,顺从传统的要求,符合大家的意见,谋求大家赞赏和认可。他认为,"凡是讨人喜欢或帮助别人而为他们称赞的行为就是好行为","经常用意图去判断行为",总是考虑到他人和社会对"好孩子"的要求,总是尽量按这种要求去思考。

阶段4:以法律与秩序为定向。科尔伯格认为,此时儿童行为是服从权威、固定的规则和维护社会秩序的。他服从社会规范,遵守公共秩序,尊重法律权威,以法制观念判断是非。尽自己的义务、对权威表示尊敬和维护既定的社会秩序本身就是正确的行为。

4. **后习俗的、自主的或有原则的水平**

科尔伯格认为:"在这一水平上,儿童显然努力在脱离掌握原则的集团或个人权

---

[1] Kohlberg, L. & Uuriel, E., Moral Development and Moral Education. In Lesser, S. G. (Ed.), *Psychology and Educational Practice*, 1971. 转引自瞿葆奎主编:《教育学文集·德育》,人民教育出版社1989年3月版,第444页。

威,并不把自己和这种集团视为一体从而去确定有效的和可用的道德价值和原则。"①

后习俗水平也可分为两个阶段:

阶段 5:以法定的社会契约为定向。科尔伯格认为,处于这一阶段水平的人,"总的倾向带有点功利主义的色彩"。他认为:"正确的行为往往取决于一般的个人权利和已为整个社会批判考核而予以同意的标准。儿童清晰地意识到个人的意见和价值是相对的,从而相应地强调要求有一个取得一致同意的程序和规则。"②但他又认为契约和法律的规定并不是绝对的,可以应多数人要求而改变。在强调按契约和法律规定享受权利的同时,认识到个人应尽义务和责任同样具有重要意义。

阶段 6:以普遍的伦理原则为定向。科尔伯格认为,此时儿童已经有了行为选择,已经表现出这样的倾向,他往往认为"根据良心作出的决定就是正确的,而所谓根据良心作出的决定就是根据自己选择的具有逻辑全面性、普遍性和融贯性的伦理原则作出的道德决定"。个体的道德行为取决于自己的内心认同,只有排除自己内心冲突的行为才会得到选择。科尔伯格认为:"这些原则就是普遍的公正原则、互惠原则、人权平等原则和尊重个人的人类原则。"③

需要指出的是,科尔伯格虽然对人的道德发展阶段提出了明确的划分,但却对儿童什么年龄处于何种发展阶段作了较为谨慎的保留。他说:"为了理解道德阶段,我们最好先了解一下三种道德水平。大多数 9 岁以下的儿童,一些青少年以及成年罪犯得到的发展处在前习俗水平上。少数成人则已达到后习俗水平,但一般只在 20 岁以后才达到的。"④这是因为,不仅儿童自身道德发展阶段本身复杂,而且不同的社会文化环境,对儿童道德发展阶段的到来、延续的时间长短影响也是十分显著的。

我们通过对皮亚杰发生认识论学说、埃里克森人格发展的心理社会发展学说与科尔伯格的道德发展阶段学说等简单的介绍,从三个不同的侧面揭示了儿童发展过程中不同阶段的发展差异与各自特点,不是希望教育如何采取措施,加速儿童发展。而是要提醒教育工作者注意不同年龄阶段儿童发展的特点,为儿童提供合适的教育,使现代教育能在宏观层面体现出"因材施教"的教育本质诉求,帮助和促进儿童获得健康发

---

① Kohlberg, L. & Uuriel, E., Moral Development and Moral Education. In Lesser, S. G. (Ed.), *Psychology and Educational Practice*, 1971. 转引自瞿葆奎主编:《教育学文集·德育》,人民教育出版社 1989 年 3 月版,第 445 页。

② 同上书,第 445、446 页。

③ 同上书,第 446 页。

④ [美]科尔伯格著,魏贤超等译:《道德教育的哲学》,浙江教育出版社 2000 年 5 月版,第 98 页。

展。正如科尔伯格所言:"在讨论促进道德发展的同时,我们的目的并不是通过加快发展速度以造成道德上超前发展的儿童,而是保证儿童有适宜的发展水平,保证每个儿童最终能达到思维和行动的某种成熟的水平。"①

需要指出的是,各个学者从不同的侧面揭示儿童发展的阶段差异,但毫无疑义的是,儿童的发展却是整体的,认知、情感与道德发展,我们可以从理论上划分,并展开各自的研究。而教育面对的儿童却是一个鲜活的、完整的生命体,这就要求教育者不能顾此失彼,更不能盲人摸象一样荒唐,要在具体的教育情境中富有智慧地开展自己的工作。

第三节 教育与个体差异

儿童个体差异包括智力差异与非智力差异,而智力差异又分为智力高低差异与智力领域差异。

人的智力由哪些因素组成,因素之间构成方式怎样,彼此如何协调工作,心理学界观点的分歧很大。有些心理学家认为,智力是解决问题的能力,还有的心理学家认为智力是从经验中获得的适应能力,又有一些心理学家认为智力应该包括创造性和人际交往技巧等要素。因此,美国心理学会主席斯滕伯格(R. J. Sternberg, 2003)感叹道,"智力是一个很难捉摸的概念"。我国著名心理学家林崇德教授也说:"就在这20年(指20世纪八九十年代以来)中,对我们讨论的主题词——'智力'的含义还在众说纷纭、莫衷一是,形成不了统一的认识。"②至于智力的组成要素、要素间结构等学说,更是此消彼长,百家争鸣。

尽管如此,100多年来,心理学界还是逐渐形成了智力测试学说为传统。这一传统由英国心理学家高尔顿(F. Galton, 1822—1911)、美国心理学家卡特尔(J. Cattell, 1860—1944)及法国心理学家比奈(A. Binet, 1857—1911)及其助手西蒙(T. Simon, 1873—1961)等开创,其基本学术观点主张个体智力相对稳定,个体具有的智力只随个体年龄增长而增长。认为对同一个体而言,智力是一个"确定的量"。不同个体之间,

---

① Kohlberg, L. & Uuriel, E., Moral Development and Moral Education. In Lesser, S. G. (Ed.), Psychology and Educational Practice, 1971. 转引自瞿葆奎主编:《教育学文集·德育》,人民教育出版社1989年3月版,第493、494页。
② 林崇德著:《我的心理学观——聚焦思维结构的智力理论》,商务印书馆2008年10月版,第81、82页。

智力存在高低差异。他们提出,通过他们设计的"比奈—西蒙"量表,可以精确测量个体智力等级。这一学说,在传统智力理论中成为主流。后来,"比奈—西蒙"量表经美国斯坦福大学心理学家推孟(L. M. Terman,1877—1956)修改,得到进一步发展,在世界范围影响愈来愈大。

然而,与此同时,国际心理学界有关个体智力的不同学说仍旧不断涌现,以下我们逐一展开讨论,探讨个体差异,进而为个性化教育提供理论依据。

一、智力领域差异

自1983年美国哈佛大学研究生院霍华德·加德纳(Howard Gardner)发表《智力的结构》以来,多元智力理论迅速引起世界范围内教育学界持续、高度的关注。多元智力理论打破了心理学界一直坚持的人的智力与生俱来、不可改变的观点,指出人的智力具有广泛的差异性,这些差异,对人的未来发展具有同样重要的意义。多元智力理论对传统心理学仅仅从智商角度区分儿童智力提出了批评。

时任哈佛大学研究生院院长的莫非教授认为:"他们(指加德纳领导的'零点项目'研究团队)的工作帮助教育家辨认和培养那些在传统教育中不被承认和没有被发现的智力强项。"[①]

加德纳教授质疑1900年法国心理学家阿尔弗莱德·比奈教授创立的"智力测验"以及所谓的"智力商数(IQ)"。他认为,这样的测试,可能有利于英才教育,虽"在一定程度上值得推荐",但是,这样的智力概念及智商测量,对于一部分人(尤其是优秀的人)而言是有效的、好的,而对相当多的普通人,却是不公平也不符合实际的。于是,加德纳教授利用现代认知科学、神经科学(脑科学)等的最新研究成果,开始自己独到的研究,在继承比奈教授研究成果的基础上,在继承前人有关智力研究成果的基础上,突破"(智力)测试和测验数据"的框架,逐渐提出多元智力理论。

首先,加德纳"修正"了传统的智力概念,认为:"智力是解决问题或制造产品的能力,这些能力对于特定的文化和社会环境是很有价值的。"由此提出以下"七种"智力,并认为"这七种智力同等重要":[②]

言语智力,"就是指人身上所表现出来的对语言文字的掌握能力"。主要指一个人

[①] [美]霍华德·加德纳著,沈致隆译:《多元智力》,新华出版社1999年10月版,序,第6页。
[②] 同上书,第9页。

有效地运用口头语言及书面文字的能力,即听、说、读、写能力。是指一个人能够顺利而高效地利用语言描述事件、表达思想并与人交流的能力。加德纳认为,这种智力在作家、演说家、记者、编辑、节目主持人、播音员、律师等从业群体身上表现得更加突出。

数学逻辑智力,"是数学逻辑推理的能力以及科学分析能力"。虽然最伟大的发展心理学家加德纳也重视这一智力,但是,他否认这是人最重要的智力的说法,而目前大部分智力测试都是建立在此基础之上的,具有很大的偏见。

空间智力,"是在脑海中形成一个外部空间世界的模式并能够运用和操作这模式的能力"。加德纳认为,水手、工程师、外科医生、雕刻家、画家等都具有高度发达的空间智力。

音乐智力,即音乐知觉、辨别和判断音乐、转换音乐形式及音乐表达的能力。贝多芬、莫扎特等拥有高度的音乐智力。

身体运动智力。加德纳认为,这是"运用整个身体或身体的一部分解决问题或制造产品的能力",舞蹈家、运动员、外科医生、手工艺大师等人都表现出高度发达的身体运动智力。

人际关系智力,是指能够有效地理解诸如"什么是他人的动机、他人是怎样工作的、如何才能与他人更好地合作"等问题,并能在人际交往中有效表现出来。加德纳认为,成功的销售商、政治家、教师、心理医生、宗教领袖等拥有高度人际关系智力。

自我认识智力。加德纳认为,这是一种深入自己内心世界的能力,即建立准确而真实的自我模式并在生活中有效地运用这一模式的能力。

此后,加德纳还陆续提出自然观察主义者智力、存在主义智力等其他智力。

应该说,加德纳的多元智力学说并不是一个横空出世的理论,尽管这一理论表现出卓越的创造性,但是,它的历史继承关系也是非常明显的。如1904年斯皮尔曼(C. Spearman)提出智力结构的"二因素说",认为智力由贯穿于所有智力活动中的普遍因素和体现在某一特殊能力之中的特殊因素组成。20世纪三四十年代,凯勒(T. L. Kelly)提出智力结构的数、形、语言、记忆、推理五种因素,瑟斯顿(L. L. Thurstone)提出智力结构中数字因子、词的流畅、词的理解、推理因素、记忆因素、空间知觉、知觉速度等七种因素。这些理论中都多少蕴含着智力结构因素的多元思想。

最突出的要算阜南(P. E. Vernon),1960年阜南提出智力层次结构理论。他认为,智力结构中最高层次是一般因素,第二层次包括两大因素群:言语和教育方面的能力倾向,操作和机械方面的能力倾向。第三层是第二层的大因素各自分化而来的小因素群。言语和教育方面的能力倾向分为言语、数量、教育等。操作和机械方面的能力倾向分为机械、空间、操作等。第四层是各种特殊能力。

可见，上述早期智力结构理论中，多元智力观点虽然没有被明确提出来，但是，构成智力的多方面因素已经为心理学家广泛注意。

多元智力理论的教育意义：首先，多元智力理论有助于教育形成多元的人才观，以更开放的眼光看待人的发展。多元智力理论揭示了人的智力存在的广泛差异性，这些差异性正是人的发展可能存在的广泛空间。这样，教育者有理由摆脱"唯数理智力（可能也包括言语智力）"为重的单一观点。受教育者的成功、教育者的成功都可以是多种多样的，正如加德纳所言："当代没有人能够学会需要学会的一切东西。"真正有效的教育必认识到智力的广泛和多样性，就学校全体学生而言，培养和发展学生各方面能力占有同等重要的地位。

其次，多元智力理论为因材施教的个性化教育提供了坚实的理论基础。因材施教是一个古老的教育思想，也是一个鲜活的教育理想。然而，令人遗憾的是，随着工业化时代的到来，教育规模越来越大，效率至上的工业化管理思想甚嚣尘上，导致近代以来学校教育越来越忽视受教育者个体特点，忽视他们独特的发展需要。建立多元智力观，采用多种适合不同智力特长学生的教学形式十分必要。加德纳指出，"并非所有学生都采用相同的方法学习"，那么，显然并非某一种教学方法可以宣称"最适合"所有的学生。

再次，根据多元智力理论，毫无疑问，迄今为止，通常使用"语言智力和数学逻辑智力为镜面"的各种纸笔测试的局限性必须得到教育者重视。既然人的智力各具差异，并且"七种智力同等重要"，那么，只利于检测"语言智力和数学逻辑智力"的纸笔考试，必然要受到人们更多的质疑。为促进受教育者更加充分地发展，包括作品检测、态度检测等的过程检测理应受到教育者重视。

加德纳提出的多元智力理论，并不是建立在完全推翻传统智力理论与智力经验性认识基础上的。加德纳认为，传统理论可能更有利于"精英教育"。科学总是在不断否定与肯定的循环中前进，每一次有价值的否定都应该是对前人观点、理论的扬弃。我们宁愿把加德纳多元智力理论视为传统智力理论的补充，这样，我们获得了更多的认识人的智力结构的视角、更广阔的理解教育的视域、更乐观期待教育前景的心态。我们不会简单地把多元智力理论与传统理论当做非此即彼的零和游戏。

人的智力及其结构非常复杂。心理学研究已经表明，人的智力既有与生俱来的高低之别,也有发展可能性上存在的方向性区分,还有事实上存在的智力领域的差异、可能性发展与现实性发展的变化。教师千万不要轻易认定一位学生"蠢、笨"而放弃自己作为教育者的努力,忽视教育者自身的教育智慧,失掉教育者应该具有的广博的爱心。"朽木不可雕也,粪土之墙不可圬也。"这种话千万不可轻易出自教师之口。

教师要对学生发展怀抱坚定的信心,充分激发学生体内蕴藏的巨大潜力,积极创造条件推动学生内在发展因素与外部环境产生积极的互动,推动学生从发展的可能转化为发展的现实。

此外,在一些被认定为"后进生"的学生中间,他们往往被视为智商不高。事实上,这些学生中有很多所谓的"智商不高",主要是由于后天一些社会性因素破坏造成的假象,他们的智商事实上非常正常。我们把这一类学生出现的所谓"智障"称为"社会性智障",它是指正常的儿童(甚至天才儿童),由于成长过程中意外受到某一外在巨大的破坏力作用,儿童的智力发展出现暂时性"屏蔽"现象。比如父母突然离异对孩子造成的伤害,人际交往智力高的孩子被要求"纸笔考试"来甄别,一个正常的孩子受到教师不公平对待,等等。这些儿童后天社会性因素对儿童智力表现造成的不公平的"屏蔽",是儿童"智商不高"的根本原因,如果适时撤去这些不利社会因素,我们可能发现,原来加在儿童头上的"智商不高"的标签根本就不符合事实,或远没有那么严重。

所以说,千里马常有,而伯乐不常有。

二、认知风格差异

个体智力不仅存在高低之分,多元智力理论还揭示了不同儿童在不同领域有各自的特长。此外,美国著名心理学家斯滕伯格(1998)还提出"成功智力"理论,也对比奈以来心理学界传统智力观提出了质疑。他认为,人"为了完成个人的以及自己群体或者文化的目标,从而去适应环境、改变环境和选择环境的能力"[1],是一个人能否成功的最关键的智力,即成功智力。

这些研究表明,智力问题绝不是一个用智商高低就可以轻易概括的问题,虽然我们无意否定智商测试的全部价值。以下,我们从认知风格差异出发,探讨个人智力差异。

---

[1] 林崇德著:《我的心理学观——聚焦思维结构的智力理论》,商务印书馆2008年10月版,第81、93页。

认知风格是个体在对信息进行加工过程中表现出来的个体差异,具有一定的稳定性,是一个习惯了的认知方式。

1954年,美国心理学家"认知类型之父"威特金(H. A. Witkin, 1916—1979)最早提出个体认知风格中存在的"场独立型"与"场依赖型"两种不同风格。"场独立型"的人,在对信息进行加工过程中,较少受到外在刺激的影响,而"场依赖型"的人,在对信息进行加工过程中,受外在刺激影响明显。但他认为(1967),"场的独立与否与智力并无关系"[1]。

自20世纪60年代起,个体认知风格差异研究受到很多心理学家的重视,到70年代,已经归纳出20多种,如"冲动型"与"慎思型"。"冲动型"的人就是人们俗称的"急性子"。这种人对外界刺激反应快,应对迅速,但与此相伴,往往失误也相对较多。"慎思型"就是中国人常说的"老成持重"。这类人对外界刺激反应慢,但失误也相对较少。心理学研究表明,一个人是"冲动型"还是"慎思型",是出生之后到2岁左右开始养成的习惯性格,不是先天遗传的结果。[2] "冲动型"与"慎思型"是个体认知风格的差异,并不存在孰好孰坏。我们可以说,在某些方面,"冲动型"比"慎思型"更具有敏捷性。而在另一些方面,"慎思型"又比"冲动型"更加缜密,更少失误。《论语·先进》篇记载孔子的一个小故事,生动地反映了孔子对待不同类型认知风格的学生,采取的不同教育方式。

子路问:"闻斯行诸?"子曰:"有父兄在,如之何其闻斯行之?"冉有问:"闻斯行诸?"子曰:"闻斯行之。"公西华曰:"由也问闻斯行诸,子曰有父兄在。求也问闻斯行诸,子曰闻斯行之。赤也惑,敢问。"子曰:"求也退,故进之;由也兼人,故退之。"

冉有属于"慎思型"认知风格的人,孔子深知自己弟子的为人风格,见他难得"冒头",便趁势鼓励他勇往直前,建议他"闻斯行之",意即"听到了就干起来"。子路大概就是那种"冲动型"认知风格的人,所以,遇到机会,孔子有意压一压他。当子路也问到与冉有同样的问题时,孔子却说:"有父兄在,如之何闻斯行之?"意即:"有爸爸哥哥在世,怎么能听到这事就干起来呢?"提醒他别冒失。

---

[1] 张春兴著:《教育心理学——三化取向的理论与实践》,浙江教育出版社1998年5月版,第409页。
[2] 同上书,第412页。

子路、冉有都是孔子三千弟子中的"七十二贤人"之内的"贤人",后来都成就一番事业,应该说也都是"智商很高的聪明人",可见认知风格差异并不说明人的智力差别,关键是教育者要因材施教、因势利导。面对"不同"学生提出的"相同的问题",孔子能够区别对待,因其才,施其教。因"求也退","故进之"。因"由也兼人","故退之"。表现出一个高明教育家的卓越智慧。

此外,个体认知风格还有其他很多类型,如"认知综合型"(在知觉上能考虑到各种不同线索,并尝试将其统合运用)与"认知简约型"(不善于处理复杂问题的情境,而惯于按照简约法则行事);"扫描型"(对问题情境审视了解时,注意到各方面)与"聚焦型"(偏重于注意少数重点)等等。我们在此不再一一介绍,只是强调个体的认知风格客观上存在着显著差异,教育如果要真正达到自己崇高的目的,就需要高度重视这些差异,采取"个性化的教育",而不是把复杂的生命简单化,把复杂的教育程式化、简约化。

三、发展速度差异

个体发展差异在个体发展速度方面的表现同样不容忽视。

我们最容易看到个体成长过程中外部生理特征上的差异。如某人1岁会开口说话,而另一个人可能2岁才能说话。有人14个月可以行走,有人2岁还在摸爬。有人14岁就已经进入青春期,有人16岁还没有显现出第二性特征迹象。然而,与这些外显生理发展差异一样,个体在认知、情感、意志等方面的成长过程中,同样存在巨大差异,忽视这些差异,同样可能造成教育失误,甚至枉杀一些怪才、奇才。比奈与西蒙早年在提出智力测验时,提出生理年龄与智力年龄概念,指明在儿童中存在着智力年龄高于或低于生理年龄的现象,实际上也蕴含着儿童(起码在认知、思维方面)智力发展速度的差异。

在认知领域,皮亚杰虽然在发生认识论原理中明确地提出了儿童认知发展分为四个阶段,但是,他(1980)也没有忘记提醒读者,虽然儿童认知发展作为一个整体结构,各个阶段不可或缺,四个阶段先后顺序不可改变,但是,儿童因个体智慧程度或者所处社会环境不同,进入各个阶段的年龄可能并不一样。所以,皮亚杰在划分儿童认知发展阶段的时候,并没有否认儿童认知发展速度差异。

目前我国大陆实行按照学生生理年龄入学制度,事实上存在着忽视学生发展速度的差异问题。这种制度,总是假定同一年龄的儿童,在智力与非智力发展程度上基本是相同的。显然,这样的假定是缺乏理论根据的。1983年,美国"国家教育优异委员会"发表的报告《国家在危急中:教育改革势在必行》指出:"学生的编班和分组,以及升级和毕业的方针,应该以他们的学业进步和他们的教学需要为准绳,而不应拘泥于年龄。"①这本来是一个常识,但现在却成了一个问题。

科尔伯格可能比很多学者都更关注这种发展速度的差异。在研究儿童个体道德发展时,科尔伯格拒绝为道德认知发展不同阶段儿童提出严格的年龄区分,他注意到不同的文化圈内成长起来的儿童,虽然都经过这三个水平六个阶段,但是,各自到达某一阶段的儿童,可能因其生活环境不同而表现出差异。

另外,在学习动机、兴趣与情感意志等非智力因素方面,由于遗传差异、环境差异以及遗传素质与环境相互作用的方式、力度、时间等衍生的差异,儿童的发展速度也不相同。学校教育情境中,处于同一年龄阶段、带有这些差异的儿童在知识学习过程中,他们就会以不同姿态表现出来。有的学生学习主动,有的学习敷衍;有的学习热情高涨,有的只在应付;有的持之以恒,有的浅尝辄止。尤其需要引起注意的是,儿童的"主动"、"敷衍"、"热情"、"应付"等等因素出现的时间、延续的时长也不相同。如果教师认识不到引起这些差异的复杂原因,往往会作出误判,把学生简单划分为聪明、一般或愚蠢,结果错失教育最佳时机,未能选择最恰当的教育方式,导致教育失效或低效。

分析与应用

一、作为中小学教师,你从当代遗传理论中得到了什么启示?请试作分析。

二、皮亚杰认知发展阶段理论,对我们小学(初中)教学的基本启示有哪些?试简要分析。

三、为什么因材施教是教育的一个根本原则?试结合我国基础教育现状,论述其现实意义。

四、利用本章学习的个体发展差异理论,结合自己,或自己一位好同学(好朋友)的学校成长经历,分析教师掌握这一理论的重大意义。

---

① 瞿葆奎主编,马骥雄选编:《教育学文集·美国教育改革》,人民教育出版社1990年8月版,第611页。

第五章 教育与教师发展

学校教育对教师而言,犹如果园之于园丁。没有果园,园丁也就没有存在的必要、存在的价值;没有园丁,果园必然荒芜、废弃,杂草丛生。他们相互依赖、相辅相成。教育发展为教师发展提供了机遇与舞台,教师发展又反过来为教育发展提供不竭的动力与日益丰富的内涵。教育是教师的工作形态,也是其人生最为重要的形态特征之一。教师教育工作质量的高低,也决定了教师人生质量的高低。教师是教育质量最重要的基础,优质的教育必定建立在优质的教师基础上。

第一节 教师专业基础

教师作为一个社会分工现象,已经有好几千年的历史了,但是,教师成为一个社会性职业,还是西方近代以来的事情。随着工业革命的发展,西方各国率先推行义务教育制度。教育规模不断扩大,制度化程度不断提高。作为一种就业群体庞大的职业的教师应运而生了。

然而,教师发展在很长的一段时间里被简化为"教师专业发展",这当然有它的合理性。在某一历史阶段,甚至体现了社会的进步。在很长一段历史时期,教师虽被认为是一门职业,但却不被认为是一门专业。职业与专业对举的时候,各有自己特定的意思。坚称教师只是一门职业而非专业的人,意思是说,教师工作只是一般的社会分工,与其他工作一样,只要靠师傅传徒弟一样就可以带出好教师,教育工作无需,也没有什么专业理论基础。而认为教师不仅是一门职业,同时还是一门专业的人,他们认为教师工作是一门与其他专业一样的工作,是要有"专门的技术的职业,这种职业需要特殊的智力来培养和完成,其目的在于提供专门性的社会服务"。专业"活动有理论根据、有科学的研究,可以验证,并且能从理论分析与科学验证中积累知识来促进这个行业的活动"[1]。

---

[1] 陈永明主编:《现代教师论》,上海教育出版社1999年7月版,第171页。

然而,否认教师工作是一门专业的声音一直不绝于耳。在这两种对立的声音中,还有人提出教师工作是"准(半)专业"性工作。

明了这段发展历史的人,不难理解"教师专业发展"的提出,的确具有重大的意义,甚至也不难理解为什么20世纪30年代,有人把教师专业化发展口号的提出视为时代一个"充满希望的信号"[1]。我们注意到,"教师专业发展"在当今国际教师教育研究领域仍然是一个充满歧义的概念,但是,我们在此只根据我们对教师专业素养研究的结果,围绕教师专业理论、专业技能与专业情感界定我们对"教师专业发展"的认识,即认为教师专业发展系指教师从事教学、教育工作的基础理论、技能与情感及其结构关系的不断更新、演进与丰富,而不仅仅将其视为一个纯粹的认知过程。

一、专业理论

1966年,国际劳工组织通过的《关于教师地位的建议》(以下简称《建议》)指出:"教育工作应被视为一种专门的职业,这种职业要求教师经过严格的、持续不断的研究,才能获得并保持专门的知识和专门技能……它要求对所辖学生的教育与福利具有个人的及共同的责任感。"这一《建议》引发了人们对教师专业发展越来越多的关心。

那么,教师专业理论到底是由哪些理论要素组成的呢?这可以从各国师范教育,即教师职前教育的课程设置中窥出一二,也可以从有关教师能力构成的学者研究成果中见到大概。

五国教师教育课程的比较[2]

美国	• 大学的中小学师资培养教育课程基本上最初2年是一般教育,后2年是专业教育以及教职教育。 • 各州都规定从事教育实习,通常是在培养教育课程结束的最后阶段,具体时间因州而异。 • 以亚拉巴马州为例: 　● 初等教师:①一般教育60学分;②专业及教职教育69学分(教育实习9学分)。 　● 中学教师:①一般教育60学分;②专业及教职教育75学分(教育实习9学分)。 　● 高中教师:①一般教育60学分;②专业及教职教育69学分(教育实习9学分)。

---

[1] 陈永明主编:《现代教师论》,上海教育出版社1999年7月版,第170页。
[2] 李其龙、陈永明主编:《教师教育课程的国际比较》,教育科学出版社2002年2月版,第239、240页。

续　表

英国	• 教育大臣规定标准，认定师资培养教育课程。 • 中小学师资培养教育课程及其标准如下： 　• 初等教师(四年制培养教育课程)：①在学校的教育实习32周以上；②学科专业教育(全国统一课程核心学科即数学、英语、理科)各150课时以上；③学科教育没有特别规定。 　• 初等教师(教职专业课程)：①在学校的教育实习18周以上；②学科专业教育(两门学科以内)2年；③学科教育没有特别规定。 　• 中等教师(四年制培养教育课程)：①在学校的教育实习32周以上；②学科专业教育(两门学科以内)2年；③学科教育1—3年。 　• 中等教师(教职专业课程)：①学科专业教育(两门学科以内)；②学科教育只有实施的规定，而无时间分配规定。
法国	• 教师教育大学中心(IUFM)教育课程经国家认可，由各IUFM独自决定。 • 教师教育大学中心(IUFM)教育课程的国家方针： 　• 初等教师培养教育课程(2年)：①总课时1500—1700课时；②教育实习500课时(18—19周)；③学科教育：第一学年占教育实习以外的60%，第二学年占教育实习以外的50%；④教职专业教育：第一学年占教育实习以外的40%，第二学年占教育实习以外的50%(包括毕业论文)。 　• 中等教师培养教育课程(2年)：①教育实习300课时以上；②学科教育400—700课时；③教职专业教育300—450课时。
德国	• 由教育科学(教育学、心理学等)、专业学科(至少两门学科，包括学科教育法)、教育实习三个领域组成。 • 教育科学和专业学科领域由各州教育部部长会议制定最低教学标准。 　• 基础学校教师资格证书：①教育科学22—28总周时；②专业学科70—76课时；③总课时98课时。 　• 高级中学教师资格证书：①教育科学8—18总周时；②专业学科120—130课时。
日本	• 为取得教师必备基本资格的硕士、学士、准学士的学位称号，必须达到文部省规定的师资培养教育课程标准。 • 有关学科科目。 • 有关教职科目(教育职员许可法规定的基本资格和最低学分数)，例如： 　• 小学教师"一种许可证"：①基本资格：学士；②学科科目18学分；③教职科目41学分。 　• 初中教师"一种许可证"：①基本资格：学士；②学科科目40学分；③教职科目19学分。 　• 高中教师"专修许可证"：①基本资格：硕士；②学科科目40学分；③教职科目19学分；④有关的学科及教职的科目24学分。

根据李其龙等主编的《教师教育课程的国际比较》提供的这张表及该书相关内容综合分析，发现美国、英国、法国、德国与日本，学士学位的本科阶段教师教育课程

基本围绕以下几个板块开设：普通学士学位的基本课程，教育基本理论课程与教育实习三部分组成。只是不同国家在各个课程板块中的具体要求有差别。比如，在学位基本课程中，美国更强调课程的广泛性，重视文理兼容的通识课程。在教育基本理论课程中，日本更重视具体的教育教学技能，把课堂管理、班级管理与学校管理都纳入其中。[1] 美国霍姆斯小组[2] 1986年发表的报告认为："胜任教学，需要四种知识：(1)广泛的普通教育；(2)所要任教的领域的学科内容；(3)教育文献；(4)反省的实践经验。"[3]

可见，关于教师专业理论，国际社会基本共识就是通识知识、学科知识、教育理论与学科课程教学理论，这些知识构成教师作为专业人员的基本知识结构。

其中"学科知识"，即教师所要从事的中小学学科教育专业的学科方面的系统知识，一般而言，中小学教师在这一方面差别较大。小学教师一般淡化学科要求，中学教师就要求具有系统精深的学科知识。教育理论作为教师专业知识的要求，我国比起发达国家，课时所占比例较低，而且，以必修课为例，过多停留在未分化的"教育理论"阶段，一般为"教育学"、"心理学"与"学科教学论"，这一状况近几年虽有改变，但依然没有得到实质性改变。而发达国家却分化较深，以英国为例，分为"心理学"、"社会学"、"教育哲学"、"儿童发展史"、"课程研究"、"教育管理"、"教育研究"。[4]

下面，我们再考察一下教育学界对教师知识分类的研究。[5]

几种有代表性的教师知识分类

研究者	教师知识分类
舒尔曼	1.教材内容知识(subject matter knowledge)；2.学科教学法知识(pedagogical content knowledge)；3.课程知识(curricular knowledge)；4.一般教学法知识(general pedagogical knowledge)；5.有关学习者的知识(knowledge of learners)；6.情境(教育目的的)知识(knowledge of content/educational aims)；7.其他课程的知识(knowledge of other curriculum)

---

[1] 参见李其龙、陈永明主编：《教师教育课程的国际比较》，教育科学出版社2002年2月版，第142、166页。
[2] 霍姆斯小组由美国各州一流大学的教育学院的院长组成，该小组是以曾在20世纪20、30年代担任过哈佛大学教育研究生院院长的霍姆斯（H.W. Holmes）的名字命名。该小组发表的几份报告，对全美教师教育产生了极为重大的影响，甚至对世界范围教师教育也产生了广泛深远的影响。
[3] 瞿葆奎主编：《教育学文集·教师》，人民教育出版社1991年2月版，第582页。
[4] 教育部师范司组织编写：《教师专业的理论与实践》（修订版），人民教育出版社2003年1月版，第280页。
[5] 叶澜等著：《教师角色与教师发展新探》，教育科学出版社2002年8月版，第236页。

续 表

研究者	教师知识分类
伯利纳	1. 学科内容知识(knowledge of content);2. 学科教学法知识(pedagogical content knowledge);3. 一般教学法知识(general pedagogical knowledge)
格罗斯曼	1. 学科内容知识(knowledge of content);2. 学习者和学习的知识(knowledge of learners and learning);3. 一般教学法知识(general pedagogical knowledge);4. 课程知识(curricular knowledge);5. 情境知识(knowledge of content);6. 自我的知识(knowledge of self)
博科和帕特南	1. 一般教学法知识(general pedagogical knowledge);2. 教材内容知识(subject matter knowledge);3. 学科教学法知识(pedagogical content knowledge)
考尔德黑德	1. 学科知识(subject knowledge);2. 机智知识(craft knowlege);3. 个人实践知识(personal practical knowledge);4. 个案知识(case knowledge);5. 理论性知识(theoretical knowledcge);6. 隐喻和印象(mctaphors and images)

二、专业技能

对教师专业技能要求,在我国曾有"三字一话"的说法。所谓"三字一话"是指教师要写好"钢笔字"、"粉笔字"与"毛笔字",要说好"普通话"。现在看来,这样的要求仍然有其合理性。只是毛笔字是否要作为教师人人都需掌握的技能,可以讨论。但是,随着时代的发展,教师仅仅具有这样的技能是远远不够的。20 世纪 90 年代,我国规定的高等师范学校学生职业技能,包括:(1)教学设计技能;(2)应用教学媒体技能;(3)课堂教学技能;(4)组织、指导学科课外活动的技能;(5)教学研究技能。

此外,学术界对教师专业技能也不断提出各自的研究成果。有学者将国内一些关于教师能力结构的研究成果分列如下。[①]

研究者	教师的能力结构
邵瑞珍等	1. 思维条理性、逻辑性;2. 口头表达能力;3. 组织教学能力
曾庆捷	1. 信息的组织与转化能力;2. 信息的传递能力(语言表达能力、非语言表达能力);3. 运用多种教学手段的能力;4. 接受信息的能力

---

① 叶澜等著:《教师角色与教师发展新探》,教育科学出版社 2002 年 8 月版,第 238 页。

续 表

研究者	教师的能力结构
陈顺理	1. 对教学对象——学生的调节、控制和改造的能力(了解学生的能力、因材施教能力、启发引导能力、教会学生学习的能力、组织管理学生的能力);2. 对教学影响的调节、控制和改造能力(对教学内容加工处理的能力、对教学方法手段选择运用的能力、对教学组织形式合理利用的能力、言语表达能力、检查教学效果能力);3. 教师自我调节控制能力(较强的自学能力、较强的自我修养能力、敏感地接受信息的能力)
孟育群	1. 认识能力(思维的逻辑性、思维的创造性);2. 设计能力;3. 传播能力(语言表达能力、非语言表达能力、运用现代教育技术的能力);4. 组织能力;5. 交往能力
罗树华、李洪珍	1. 基础能力(智慧能力、表达能力、审美能力);2. 职业能力(教育能力、班级管理能力、教学能力);3. 自我完善能力;4. 自学能力(扩展能力、处理人际关系能力)

这些研究的确为我们认识教师专业技能及其结构提供了一些视角,但是,我们觉得这些研究多集中于教师课堂教学能力探讨,尽管对教师而言,这些技能的确是十分重要的,然而我们认为这还不够。而且,邵瑞珍教授将"思维的条理性、逻辑性"作为教师专业能力要素,固然有道理,但这不是教师专业的特殊能力要素。曾庆捷、孟育群与罗树华等的研究同样具有这样的遗憾。陈顺理的研究又只局限于课堂教学环节。相比之下,我国心理学家申继亮、王凯荣的研究,可能更全面,也更深入到教师作为专业人员更为特殊的一些技能内部,阐明教师专业技能及其结构。他们从教学前、教学中与教学后三个环节着手,从教师知识、观念与动机研究出发,进一步研究教师处理学生状况、课程教学目标、教学内容与教学环境技能,由此设计出教学方案的技能。教师呈现知识、管理课堂及教学评价的教学行为及其自我监控技能,教师自我反思、评估、批判、总结的技能,可谓全面、深入动态地展现教师专业技能,对我们认识教师专业技能提供了一幅重要的解剖图与动态演进图。

这一模式的可贵之点在于,它系统考察了教师从事教学这一专业活动整个过程所必须具备的专业技能,包括教学前、教学中与教学后三个阶段所需技能。而且,这些技能都是教师从事教学工作所必需的"专门性"的技能,因而在教师技能结构分析中更具有针对性。简单地说,教学前,教师应该具备设计出一个成熟的教学方案的技能,教学过程中就要有一个顺利实施教学方案的技能,教学结束后要具有反思、总结自己教学得失并由此不断提升自己专业水平的技能。

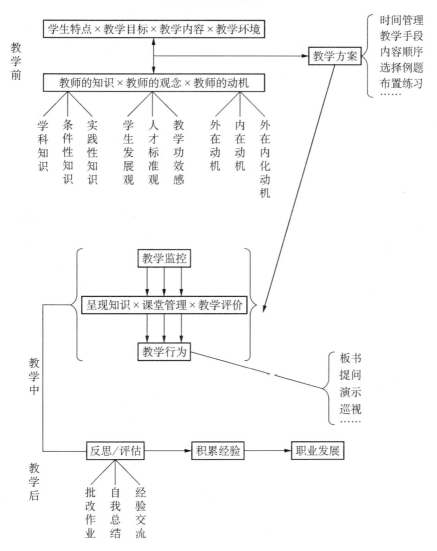

教学能力动态模式①

---

① 申继亮、王凯荣:《论教师的教学能力》,《北京师范大学学报》(社会科学版),2000年第1期。

三、专业情感

专业情感就是从事一门专业工作的人员对自己所从事的专业是否符合自己主观需要而产生的内心体验及由此产生的价值取向。教师专业情感,就是教师在从事教育、教学工作时的内心感受,以及由此产生的对待教育、教学工作的态度。

国外心理学家研究表明,情感对认知影响很明显。美国心理学家霍夫曼认为:"情感可能引发、终止、加速或中断信息加工;情感可能决定加工环境中的哪一部分,以及用哪一种方式加工;情感可能会对回忆的内容加以组织并影响到有关类别是否容易提取;情感可能有助于形成带有情绪色彩的图式和类别;情感可能为社会认知提供输入;而且情感可能会影响决策。"[①]正是在这意义上,叶澜教授认为,在"新型教师的基本素养"中,教师的"个人价值取向和发展内动力,集中表现在教师的事业心、责任心、爱心和自我发展的内在追求等方面",这些教师的专业情感,是教师最重要的"基础性素养"。[②]

我们知道,专业知识是教师专业发展的知识基础,也是教师专业技能形成发展的基础,如果教师不具有积极的专业情感,必然导致教师无心学习专业知识。即便由于某些外在原因使其不能不学习这些知识,教师的学习也是低效甚至无效的。可见,教师具有积极的专业情感,还是消极的专业情感,对教师专业发展影响很大。具有积极的专业情感的教师,还会主动提升自己的专业技能,更积极地投入专业活动,有更大激情克服专业发展中的困难,因而也容易获得更加充分的专业发展。相反,则不利于教师专业发展。苏联时期著名的电影《乡村女教师》中的主角瓦尔瓦拉在中学毕业之后,志愿离开大城市到农村任小学教师,虽然经历了无数的磨难,但终于为国家培育了一大批杰出的学生,桃李满天下,自己也成为卓越的人民教师。我国著名特级教师魏书生,曾经"经过长达6年、多达150次的申请",终于在1978年2月当上了一名中学教师,后来又放弃过当时在一般人看来比当教师优越得多的好几种工作,矢志要当教师。即使后来当了校长和县、市教育局长,仍一直坚持一线教学。[③] 魏书生最终成为一名杰出的教育家——专家型教师,固然有很多原因,但是,显然,这种对教师工作的强烈情感,必然是其成功的内源动力。

---

① 瞿葆奎主编:《教育学文集·智育》,人民教育出版社1993年2月版,第527、528页。
② 叶澜著:《"新基础教育"论——关于当代中国学校变革的探究与认识》,教育科学出版社2006年9月版,第360页。
③ 参看魏书生著:《魏书生与民主教育》,北京师范大学出版社2006年4月版,第3页。

教师专业情感不像专业知识那样明朗透亮,容易让人把握得住;也不像教师专业技能那样,显赫耀眼,一望便让人觉得货真价实。所以,有时候人们似乎比较忽视教师专业情感在教师专业发展中的作用。还有一些人,认为教师专业情感至多只会表现在工作积极性上,任劳任怨和不计报酬上,这固然看到了教师专业情感在教师专业活动过程中的积极表现。但是,心理学研究表明,仅仅停留于这样的水平认识教师专业情感是很肤浅的,因为,不仅如此,教师的专业情感也是对教师专业"思维和智力活动有显著影响的非智力因素"[①]。

提高教师专业情感的路径、方式很多。影响教师专业情感的因素也很多,既有社会环境影响,也有个人特殊人生经历;既有后天教育,也有先天秉性。一个尊师重教的国度(或社区、族群等),可能会培育更多人立志从教。一个尊师重教的时代,也可能激发更多投身教育事业的热血青年。所以,从国家社会来说,提高教师经济待遇、政治地位,提升教师专业水平,提供教师继续教育机会,都是推动教师建立并保持积极专业情感的重要措施。在这一点上,我们与西方发达国家相比,还有很大的发展空间,与东邻日本、韩国相比,更有不小的差距。我国学者最近研究表明:"我国目前教师的社会地位还不高,教师职业的吸引力还不强,一方面原因在于教师的工资待遇太低,另一方面原因是教师职业的专业性不强,教师的整体素质不高,还不具有不可替代性。"[②]

第二节 教师专业发展

我们已经明确提出,教师专业发展就是指教师从事教学教育工作的基础理论、技能与情感及其结构关系的不断更新、演进与丰富,不仅仅是一个纯粹的认知过程。我们就是在这样的观点支撑下,讨论教师专业发展问题。

---

① 林崇德著:《我的心理学观——聚焦思维结构的智力理论》,商务印书馆2008年版,第277页。
② 李其龙、陈永明主编:《教师教育课程的国际比较》,教育科学出版社2002年2月版,第171页。

休伯曼等人的教师职业生活周期论[①]

阶段名称	时限	主 要 特 征
1. 入职期（career entry）	第1—3年	可将这一时期概括为"求生和发现期"。其中，"求生"与"现实的冲击"（reality shock）相联系，课堂环境的复杂性和不稳定性、连续的失误等等使得自我对能否胜任教学感到怀疑；同时，教师也感到有所"发现"，他们有了自己的班级、学生和教学方案，成为专业协会中的一员，所以又表现出积极、热情的一面。
2. 稳定期（stabilization phase）	第4—6年	教师决定投身于教学工作；教师初步掌握了教学法，由关注自己转向关注教学活动，不断改进教学基本技能，形成了自己的教学风格；表现出自信、愉悦和幽默。
3. 实验和歧变期（experimentation and diversitication）	第7—25年	自此时期开始教师的发展路线表现出差异性。其原因在于随着教育知识的积累和巩固，教师试图增加对课堂的影响，在教学材料、评价方法等方面开展了不同的个性化的实验；教师改革的愿望强化了对阻碍改革因素的认识，激发了进一步改革的尝试，教师的职业动机强烈，职业志向水平高；对课堂的职责有了初步了解后，教师开始寻求新的思想和挑战。
4. 重新估价期（reassessment）		在许多情况下，教师不经过实验和歧变阶段，而是代之以自我怀疑和重新估价，严重者可表现为职业生涯道路中的一场"危机"。年复一年单调、乏味的课堂生活，或者连续不断的改革后令人失望的结果都会引发危机。
5. 平静和关系疏远期（serenity and relational distance）	第26—33年	这一阶段在教师职业生涯中表现并不明显，主要是四五十岁教师的一种"心理状态"。许多教师在经历了怀疑和危机之后开始平静下来，能够较为轻松地完成课堂教学，也更有自信心。随着职业预期目标的逐渐实现，志向水平开始下降，对专业投入也减少。该阶段的另一个主题是与学生的关系更加疏远，教师对学生行为和作业更加严格。
6. 保守和抱怨期（conservatism）		这一时期的教师大约50—60岁。处于该阶段的教师在经历了平静期后变得较为保守，这可能是第4阶段自我怀疑的进一步发展，也可能是改革失败的结果。多数教师会抱怨学生变得纪律性更差、缺少动机，抱怨公众对教育的消极态度，抱怨年轻教师不够认真投入。
7. 退休期（disengagement）	第34—40年	其他专业人员在这一时期可能会逐渐退缩，为退休作准备。而教师迫于社会压力其专业行为没有太大改变，只是更加关注自己喜欢的班级、做喜欢做的工作。

[①] 叶澜等著：《教师角色与教师发展新探》，教育科学出版社2002年8月版，第344、345页。

一、专业发展阶段

国内外教育学界、教育心理学界对教师专业发展阶段的研究积累了大量成果,我们结合比较知名的休伯曼(M. Huberman)教师职业生活周期理论简单介绍,进一步阐述教师专业发展阶段问题。

休伯曼的理论,主要是在研究英国教师专业生存状态情况下获得的研究成果,不能简单套用到中国教师发展阶段上。但是,休伯曼理论确实为理解我国教师发展阶段提供了一些参考。从上表看出,刚入职1—3年的教师,他们从大学教育专业毕业,具备了充任教师的必备专业理论,经过短暂的教育实习,获得了一点做教师的直接经验。但是,面对如此复杂的课堂环境,自己任教之初连续的失误使得这些新教师对自我能否胜任教学感到怀疑。同时,新教师在职业生涯中也有所"发现",他们有了自己的班级、学生和教学方案,成为"专业"工作者群体中的一员,所以又表现出积极、热情且富于期待的另一面。休伯曼形象地将其称为"求生和发现期"。这时的教师,他们如履如临,求的是职业生命,发现的是与他们以前生命历程中完全不一样的"新奇"。4—6年教龄的教师,逐渐掌握一些行业常规、日常技能,处理日常教学、教育问题顺利很多,专业自信开始增强。7—25年教龄的教师处于教师专业生涯的黄金时期。这时候,教师专业技能更趋成熟,并开始烂熟于心,处理一般的教育教学问题往往得心应手,应付自如。同时这时的教师家庭生活开始稳定,在学校的专业地位也初步形成,加上又处于青壮年时期,精力旺盛,专业自信往往最为充分。26—33年教龄的教师,已经经历了一段较长时间的专业熟练时期,然而,危机也随之而来。这是因为从专业发展角度看,教师进一步提升自己专业水平的难度很高,远比当时由"稳定期"进入"实验和歧变期"困难,很多教师或者很难继续提升自己的专业水平了,或者即使有所提升,也不明显。同时,由于年龄增大,又受到年轻同事的"威压",开始逐渐变得保守。34—40年教龄的教师开始对外部变化不太有兴趣,更多专心自己的班级与自己喜欢的工作。

我国中小学教师无论是职前所受到的教育,入职以后工作的学校环境,还是国家教育制度与教育传统,与休伯曼研究的英国教师都有显著差别。然而,从休伯曼的研究中,我们毕竟还是能够感受到我国教师专业发展的大致阶段。就是说,休伯曼的研究对我们认识中国教师专业发展仍然具有参考意义。

然而,需要指出的是,不论在英国还是在中国,教师专业发展的这样七个阶段不是自然发生的,更不是一定要经历的。影响教师专业发展的因素应该说是非常复杂的,因而教师专业发展呈现出来的状况必然复杂多变。这样的概括,最多只能是简单的描述。事实上,教师生涯中在第三阶段就停滞不前的平庸教师也屡见不鲜,而到50多岁,甚至60岁仍然保持旺盛专业发展势头、保持旺盛专业热情的卓越教师也不少见。80岁高龄仍耕耘讲坛的上海特级语文教师钱梦龙,江苏常州数学特级教师邱学华,南通语文特级教师李吉林等等,都是这方面最为杰出的代表。

二、专业发展途径

1966年第一份由国际权威机构国际劳工组织发表的《关于教师地位的建议》,对教师专业化问题作出明确界定与说明,引发了国际社会对教师职前培养与职后培训相统一问题的重视。一个新的概念"教师教育"出现了。"教师教育"概念的出现,不仅仅是一个新词语问世,而是反映国际社会对教师专业发展的认识进入一个新的时代,即起自职前教育、贯穿于教师一生的统一的教师培育得到广泛认同。随着教师专业化发展得到国际社会广泛重视,教师专业发展途径也变得越来越多。从当今各主要国际组织教师专业发展主体划分教师专业发展途径,我们看到,这些途径有国家社会提供的途径、学校提供的途径与教师个人努力开发出来的途径。

国家社会提供的教师专业发展途径。

正规的、制度化的教师专业发展途径,有师范院校的职前教育途径。这是当今各国培养教师的基本途径。无论是从教师专业理论确立,专业情感养育还是专业技能锻炼来说,这一途径,都为专业化教师队伍建设奠定着根本的基础,是教师专业化的起点与根本。一些国家,如日本、中国、美国等国,还与师范院校的职前教育相配套,辅之以教师资格证书制度,使教师专业化的职前教育制度更加完善。与中国相比,美国、日本等国教师资格证书制度建立得早,也更加完善。美国教师资格认定制度已经发展了100多年,当前,一个准备进入中小学教师队伍的大学毕业生,要经过"入学认定"、"初任执照认定"与"续任执照认定"资格测试。以"初任执照认定"测试为例,测试内容包括:"全美教师测验、教育学原理测验、特定学科领域测验和多元学科评估测验。全美教师测验又分为三种:一般知识——测验受试者英文听、说、读、写的技巧;专业知识——测验受试者在教学计划、教学执行、教学测量、教学环境管理、专业基础、专业功能六个方面知识。教与学原理测验是以'案例研究'的形式来测验受试者的一般教学知识,测验内容包括教学内容的组织、学生学习环境的建立、有效教学的执行以及教师的专业技能这四个领域。特定学科领域测验是用来测验受试者在某一特定任教学科如何教学的知识。多元学科评估测验是用来测验小学教师在文学语言、数学、历史与社会科学、科学、视觉与表演艺术、人类发展、体育这七个领域的知识和高层次思考技巧。"①

国家制定的职后培训政策、制度，以及与此相应的教育（培训）机构，是教师职前专业教育的延伸，是不断提高教师专业化水平的教师终身教育体系组成部分。这一途径中，又有正规的学历、学位提升的教师专业教育，如一些师范大学开展的本科学历补偿教育，教育硕士、教育博士等专业学位培训。也有非学历（学位）教育的短期培训，我国各类教师进修院校，尤其是地、市教师进修学校，目前主要承担着中小学教师专业发展过程中的这类培训。

当然，国家作为教师专业发展的规划者、组织者，事实上提供的教师专业发展形式，比上面提到的要丰富得多。有一些社会机构提供的教师专业发展途径，往往也是在国家政策规划、支持下开展的。总之，在终身教育理念指引下，在构建学习化社会的过程中，国家、社会也应该将教师教育纳入这一巨大的社会网络之中，为教师专业化发展提供政策支持、制度设计，而不仅仅局限于师范院校与教师培训机构狭小的范围之内。

教师专业发展的另一重要途径，是在职教师工作过程中，参加由工作学校组织的在岗专业培训。这类培训优点在于培训与教学紧密结合，教师不需要离开工作岗位，开展起来方便易行。一些教师专业发展开展得好的学校，把长期规划与近期需要、专家指导与教师研讨、课题研究与工作研讨等有效结合起来，对推动教师专业发展产生了积极的影响。但是，在校专业发展培训，也存在一些不足。比如教师工作繁忙，难以在繁忙的工作中静下心来、抽出时间进行学习和研究。很多学校，由于缺乏专家指导，在岗研修缺乏明确、长期的发展方向与坚实的理论支撑，这种情况下，教师往往辛辛苦苦一阵之后，"专业"是否能得到发展，还是一个问题。

校本培训也是教师在校专业发展的重要途径。1989年，欧洲教师教育协会对校本教师培训鉴定是"源于学校课程和整体发展规划的需要、由学校发起组织并以学校为培训场所、旨在满足教师个体工作需求的校内培训活动"。校本培训与一般的在校、在岗培训不同，就在于这种培训是在学校总体的发展规划下的主动培训，具有明确的目标、阶段性任务，并强调培训的理论与实践相结合。它不是头痛治头、脚痛治脚应急式培训，不是把培训仅仅视作教师教学技能的培训，而是把教师培训与学校有特色的发展紧密联系在一起，使教师培训不仅成为教师专业发展的途径，也成为学校个性化、特色化发展的形式。真正意义上的校本培训，需要一个前提，即学校特色化发展的追

---

① 单中惠主编：《教师专业发展的国际比较》，教育科学出版社2010年3月版，第34、35页。

求。没有这个前提,即使打着校本培训的旗帜,也不过是一般的"在校(岗)培训"的名词翻新而已。

教师专业发展的途径,不能不提到教师自己主动开辟的个人专业发展形式。事实上,作为终身教育的倡导者、实施者,教师自身同样是终身教育的践行者。作为终身教育的倡导者、实施者,教师更多的是通过自己的教育教学,夯实学生终身教育的知识基础、情感基础、技能基础,而作为终身教育的践行者,教师自己就应该是学习化社会中终身学习者,终身的专业资质提升者。"持续的专业准备",在一些发达国家,已经不是一种观念,而是一项对专业工作者专业化提出的必要要求。[1] 教师个人专业发展途径的实施,固然有赖于外部环境的支持与激励,但是,从根本上说,教师个人专业发展是教师作为专业工作者自己的事情。校情差别,教师个性各异,必然决定了教师面临的专业发展问题各不相同,国家、社会,乃至学校提供的教师专业发展机会与形式,虽则可以解决某些教师群体专业发展中面临的共同问题,但是却难以照顾到千差万别、不同教师专业发展的需求,教师主动开辟的专业研修道路,恰恰可以弥补上述两条路径的不足。

段力佩、魏书生与邱学华,无数杰出的专家型教师成长经历,都显示出个人专业发展主动性对教师专业发展的巨大意义。然而,仅有发展的内在动力还是不够的,有效的专业发展需要教师为自己制定合理的发展计划,并能根据计划制定自己阶段性专业发展需要学习的理论、攻克的难题,要能围绕自己的发展课题,学习相关理论,谦逊地拜访名师,也能采取与同伴研讨等合作形式,抓住身边的一切专业发展机会,提升自己的专业水平。

三、专业发展形式

教师专业发展形式是多种多样的。我们在前面提到的师范院校的教师职前教育,就是最基本的一种专业发展形式,为新任教师奠定了良好的基础。各国的教师教育制度未必相同,新教师引入机制也有差别,但是,各国情况表明,师范院校或者综合性大学的教育院系,都是提供教师后备军的最有力的机构。

教师专业化发展的国际趋势显示,教师职后培训正逐渐纳入教师教育一体化系统之中,实现职前教育与职后培训沟通的教师教育体系已经成为世界给各国教师专业化发展的共同愿景。最近的师范教育中出现的教育专业学位(教育硕士、教育博士)培养,是教师专业化发展的结果,也是教师专业化水平不断提高的标志。

---

[1] 单中惠主编:《教师专业发展的国际比较》,教育科学出版社 2010 年 3 月版,第 15 页。

在学历学位教育之外,教师专业发展形式还有形式各异的各类短期进修。我国这类教师专业发展形式,以往多由师范院校与各级教师进修院校承办,随着我国教师教育体制的更新,教师教育开始从相对封闭的体系,向更加开放的体系转变,更多具有相应能力的综合性院校,也开始加入教师职后教育中来,成为教师专业发展的生力军。如北京大学教育学院、华中科技大学教育科学研究院等,都是一些典型的例子。

此外,教师专业发展学校,逐渐成为教师职后专业发展的一种重要形式。所谓教师专业发展学校,肇始于20世纪80年代中期美国。1982年全美盖洛普民意测验与专家们的观点极为一致,他们坚定地认为:"教育是美国未来实力的主要基础。""教育是美满的生活、进步和文明的社会、强大的经济和安全的国家基础。"[1]然而,美国当时面临的教育现实却是美国历史上第一次出现了"一代人的教育技能不超过、不等于甚至达不到他们的家长的教育技能"。严酷的现实,迫使委员会专家呼吁进行包括美国教师教育在内的教育改革。关于教师教育,1983年4月,美国国家教育优异委员会在其发表的《国家在危急中:教育改革势在必行》报告中提出:"应该要求准备任教的人达到高的教育标准,表现出从事教学的性向,表现出在某一门学术性学科上的能力。应该根据其毕业生达到这些标准的情况来评判提供师资培训计划的学院和大学。""我们的若干一流的科学中心有能力立即开始培养或再训练教师。""骨干教师应该参加制订教师培训计划,并参加试用期间的视导工作。"[2]1985年美国东北地区信息交流处对当时全美发表的最具影响、最权威的9份教育报告考察分析后指出,"改善学校的基础是高质量的教师和教学"。报告转引古德莱德(J. I. Goodlad)教授《一个叫做学校的地方:对未来的展望》报告的结论,提出:"教师有必要'熟悉行为和人文主义学科',并要'在重点的示范学校里进行定向观察和实习,而这些师范学校是与师资培养机构并肩合作的。'"[3]正是在这一背景之下,教师专业发展问题得到全美整个社会更加广泛的重视。1986年,霍姆斯小组具体提出教师专业发展的建议。他们认为:"教学工作的专业化,依靠教师和专家所作的贡献。这些贡献是创造关于他们专业的知识;是在他们直接的工作环境之外去形成教师与学院协作的能力;是通过他们的职业生涯在理智上获得的发展。师范教育的改进,依靠教师对教学法知识和反思性实践的贡献。这两个事实导致霍姆斯小组所属院校赋予自己如下使命:在大学教学人员、实习教师和管理者中间,

---

[1] 瞿葆奎主编:《教育学文集·美国教育改革》,人民教育出版社1990年8月版,第599页。
[2] 同上书,第611、612页。
[3] 同上书,第683、684页。

建立专业发展学校(pro-fessional development schools)以及其他工作上的合作关系。"①

作为霍姆斯小组成员的古德莱德教授进一步指出:"学校若要变革进步,就需要有更好的教师。大学若想培养出更好的教师,就必须将模范中小学作为实践的场所。而学校若想变为模范学校,就必须不断地从大学接受新的思想和新的知识,若想使大学找到通向模范学校的道路,并使这些学校保持其高质量,学校和教师培训院校就必须建立一种共生的关系,并结为平等的伙伴。"②

2000年,全美已经建立1000多所专业发展学校。

这种大学与中小学合作进行教师培训的模式,尽管在各个国家形式不尽相同,但都受到各国政府与教育研究机构的重视。我国大陆及港台澳地区也都在不同程度探索、推广教师专业发展的这一新形式。近年来,由华东师范大学教育学系叶澜教授领导的一群教育学专家,在与中小学结盟研究,探索中国大陆"新基础教育"道路时,明确提出"成事成人"的研究宗旨,在研究过程中,将教师发展(包括专业发展)作为与研究工作同样重要的任务。他们创造出"研究性变革实践"的研究范式,通过适度领先的理论引导,主动介入教育实践,在研究中实现理论与实践双向互动,相互滋养,相互促进,在完成理论建构的同时,促进教师专业素养不断提升。这是通过课题研究支撑的大中小学合作的中国特色的教师专业发展形式。

校本培训是教师专业发展的另一重要形式。这种教师在校培训的形式,主要出现在美国与英国,而在我国随着新一轮课程改革推行,校本培训开始受到人们关注而逐渐开展起来,成为教师专业发展的一种重要形式。教师校本培训的优点在于培训不离教学,人员不离岗位。培训规模小,机动灵活,培训成本较低,因而是一种值得重视的教师专业发展形式。但是,这一形式的不足是培训内容不太系统,并且对不少学校而言,还存在理论资源缺乏、指导力量不足的矛盾。

第三节 教师专业发展意义

一、专业发展与学生

对美国、英国、日本等西方发达国家教师专业发展研究表明,教师专业化不仅是

---

① 瞿葆奎主编:《教育学文集·教师》,人民教育出版社1991年2月版,第584页。
② 转引自教育部师范司编写:《教师专业化的理论与实践(修订版)》,人民教育出版社2003年1月版,第339、340页。

西方国家教师队伍的现实,也是世界范围教师教育发展的方向。发达国家经历的历程说明,教师只有获得专业知识、专业技能与专业情感在内的广泛的发展,才能胜任教育发展的要求,才能为高质量的教育奠定扎实的基础,为持续的教育发展注入活力。

学生发展,是以知识、技能为中心的人的全面发展,是一个极其复杂的过程。在全球化、信息化宏观背景之下,学生发展既面临传统的基础知识与基本技能发展问题,同时面临着知识与能力分离、智力与情感分离、教育与社会生活分离、片面发展与全面发展分离,以及眼前发展与终身发展不一致等众多问题的时代挑战。如何在教育面临学生个性化、全面发展过程中诸多难题,作出自己谨慎、有效与合理的应对,培养新时代合格新人,这对教师专业化发展要求越来越高。

如果说学科知识是教师之为教师的核心要素仍然可以成立的话,它也只为一个社会成员成为合格教师提供了起码的、必要的条件。人们常常称道的"要给别人一杯水,自己先有一桶水"的"水桶—水杯"理论,仅仅具有有限的合理性。不仅认知主义与建构主义研究表明,知识教育不是简单的搬运过程,就是面对如此复杂的学生,如此苛刻的要求,连"搬给谁"和"怎么搬"这些"退而求其次"的工作,也都成了问题。更何况,在面临培养学生全面发展、主动发展、终身发展与富有个性的发展的复杂要求时,教育工作自然就变成越来越富有挑战性的专业工作。圆满完成这样复杂的工作,有赖于教师更加丰富的人的发展心理知识的储备,学习理论的储备,人格发展理论的储备,同时还应具有教育基本理论、课程理论、教学理论与教学研究理论等教育理论,应具有建立在这些教育理论之上的教育技能、教育机智与教育情感,因此,教师专业化发展便是一个不可回避的趋势性要求。

不管教师专业化程度现状如何,推动教师专业发展,是新时代培养新人的必然要求。

二、专业发展与学校

学校工作千头万绪,而其中心必定是教育教学。学校教育教学质量的高低,直接反映着学校质量的高低,也预示着学校发展的可能。教师是学校教育教学工作的主要承担者,因而,教师专业化发展质量也就决定着学校工作的质量。

需要注意的是,学校层面的教师专业化发展,既有教师个人的专业化发展,也有全体教师的专业化发展。一般而言,离开教师个人的专业化发展,不可能有全体教师的专业化发展。但是，个别教师的专业化发展，即便是高水平的专业化发展，也不能代替全体教师的专业化发展。如果我们说"教师专业化发展质量也就决定着学校工作的质量"，也是指全体教师的专业化发展对学校发展的意义。这样说，并不否认个别优秀教师在学校发展中的作用与价值。然而，作为一个集体，全面地、可持续地高质量发展，必须建立在全体成员充分发展的基础上，甚至要建立在积极发展的团体文化之上。而这种团体的、积极向上的专业发展文化，必然依赖于集体众多成员积极向上的专业发展的追求。所以，在热心扶持学校个别教师专业发展的同时，要注意利用个别优秀教师发展在先的榜样力量、辐射作用，推动更多教师的专业发展，进而形成浓郁的学校专业发展文化，从而获得学校长期发展的坚实土壤。

教师专业发展，可以推动教师专业素养的提升，为学校教育教学质量的提升奠定扎实基础。我们不能想象离开教师专业发展的学校发展。

具体而言，教师专业发展使学校教育教学工作可能更加合理。国家教育政策实施、学校教育目标实现，就可能获得专业化的实施者的贯彻。由于大量教师专业意愿、专业能力增强，学校在实施这些政策、追求这些目标时，就可能具有更强的领悟力、消化力与执行力，可以避免"按图索骥"一样简单机械地生搬硬套。从而使学校发展更有创造性、更具活力，国家政策更容易在学校得到贯彻，学校办学目标也更容易实现。

再则，由于大量专业发展充分的教师成为学校工作生力军，学校在面对自己所处的特殊社会环境、自身特殊状况时，就具有更强获得处理这些专业鉴别力与应对能力，学校有可能在处理与众不同的教育教学问题时，表现出更强的专业自信，从而保证学校作为一个相对独立的发展主体保持内生的发展动力。

随着个性化教育逐渐成为当今世界教育发展的基本趋势，学校个性化发展也必然成为学校工作的基本方向和重要任务。所谓学校个性化发展，就是创建特色学校，就是在国家教育目的指引下，学校根据自身所处社会、地理环境，面临的独特发展问题与发展任务，根据学校传统与现实条件，实现独具特色的发展。这种特色发展，是建立在个性化办学宗旨上，开发自己的校本课程，创建自己风格的教学模式，从而形成自己与众有别的学校文化。这种特色学校发展，能为学生个性发展提供基础与保证，反过来也为教师个性化发展增加动力。然而，学校个性化发展，显然更是一种充满专业挑战的艰苦工作、持久的工作，没有教师充分的专业发展所孕育起来的强大专业能力，学校个性化发展是难以想象的。

三、专业发展与教师发展

一门工作被社会广泛认同为职业还是专业,是有很大差别的。职业是社会的一般分工,而专业分化则是职业长期发展、分化的结果,是职业发展到高度技术化、专门化与伦理化的结果。不是任何职业都会分化、演变为专业的。利伯曼(M. Lieberman)对专业有过著名的定义,他认为,如果一门职业可以称为专业,它应该满足以下几点:①

① 范围明确,垄断地从事于社会不可缺少的工作。
② 运用高度理智性技术。
③ 需要长期的专业教育。
④ 从事者无论个人、集体,均须有广泛的自律性(autonomy)。
⑤ 在专业的自律性范围内,直接负有作出判断、采取行为的责任。
⑥ 非营利,以服务为动机。
⑦ 形成了综合性的自治组织。
⑧ 拥有应用方式具体化了的伦理纲领(code of ethics)。

当一门工作发展演变为专业时,意味着这一行业从业人员在进入这一行业时,必须经过专门的教育或训练,掌握行业专门的、系统的知识、技能,认同行业公认伦理并具有行业精神,能够按照专业标准从事本专业工作,为社会提供专门服务,促进社会进步,获得相应的社会地位与报酬。

1632年夸美纽斯的《大教学论》问世,可以被视为教师专业化发展历程上的一个里程碑。教育理论的发展,显然是教师专业化的必要前提。然而,17世纪晚期的时候,近代教育发育最为充分的德国,初等小学教师大多数还是由一些裁缝、鞋匠和退伍士兵担任。1774年,德国教育家巴西多(Basedow,1724—1790)在德骚开办了一所泛爱学校②,招收6—18岁学生,对一部分准备当教师的学生实行免费。这是通过学校培养教师的开始。稍后的教育家萨尔斯曼(Christiam Gotthilf Salzmann,1774—1881)

---

① [日]筑波大学教育学研究会编,钟启泉译:《现代教育学基础(中文修订版)》,上海教育出版社2003年7月版,第452—453页。
② 泛爱主义,是18世纪末期出现于德国的社会教育思潮。它接受法国思想家卢梭思想,反对压制儿童身心发展的经院主义和古典主义教育,强调教育的最高任务在于增进人类现世的幸福,培养掌握知识的健康乐观的人。在这种思想影响下的学校,教育史上将其称为"泛爱学校"。

开始著述、阐述教师培养问题。1805年,被称为"教师的教师"的瑞士教育家裴斯泰洛齐(Johann Heinrich Pestalozzi,1746—1827)在伊佛东创办了包括师范学校和小学及中学班的学校,对教师提出许多要求,对当时欧洲师范教育产生了重大影响。著名教育家、时任普鲁士教育部部长洪堡德(Wilhelm Von Humboldt,1767—1835)尤为重视小学教师培养,邀请裴斯泰洛齐的学生到普鲁士帮助创办师范学校,用裴斯泰洛齐的方法培养小学教师。师范教育由此在欧洲盛行,极大地推动了教师专业化进程。20世纪初叶,现代教育开创者、美国教育家约翰·杜威倡导在综合性大学开设教育学院培养教师,1920年,美国高等师范学院已达45所,1940年增达180所。从30年代开始,一些文理学院及综合性大学也开始承担教师培养任务。教师专业化发展已经发展到一个较高的阶段,教师专业发展的呼声也逐渐高涨起来。

1955年,世界教师组织强调为教师争取更多权力和更高的社会地位。1966年,联合国教科文组织与国际劳工组织共同发布了《关于教师地位的建议》报告书,明确提出:"教书应被视为一种专门职业:它是一种公众服务的形态,它需要教师的专业知识以及特殊技能,这些都要经过持续的努力与研究,才能获得并维持。此外,它需要从事者对于学童的教育及其福祉,产生一种个人的以及团体的责任感。"[1]

教师工作被视为专业工作经历了一段漫长又并不平凡的历程。当我们回顾教师专业发展这一不平凡的历程的时候,我们不能不感觉到,教师专业化被广泛认可是一个来之不易也是值得肯定的进步。

然而,需要指出的是,由于我国大陆地区教师,尤其是小学教师入职门阶较低,教师职后教育工作也未尽人意,教师整体专业化程度较低。尽管1994年开始实行的《教师法》规定,"教师是履行教育教学职责的专业人员",其后又陆续出台教师资格证书、职称制度,但提升职前教师培养的专业水平以及在职教师专业化程度的任务,依然十分繁重。

另一方面,很多人心目中的教师专业化,实际上多侧重于教师专业知识、专业技能,将教师专业化概念内涵严重窄化,造成对教师专业化的误解。因此,在这些人看来,提升教师专业化,就是拓展与加深教师专业知识,培训教师专业技能。可是,这仅仅是教师专业化丰富内涵的一部分。忽视这一部分,固然无从理解教师专业化,但停留在这一层面上,同样无法理解教师专业的实质性内涵,从而与国际教师专业化发展

---

[1] http://163.32.161.2/adm3/jiang/unseco.htm.

相违背。

事实上，就在 1966 年联合国教科文组织与国际劳工组织联合发表的《关于教师地位的建议》中，建议书不仅强调了作为专业化人员的教师应该具备的入职资格保证、专业知识与技能，同时对作为专业人员的教师应该具有的专业伦理与专业组织，也提出了明确的要求。此外，同样不可忽视的是，建议书还强调，对社会而言，我们既然把教师作为专业人员，就应该为其从事正常的专业工作提供特殊的政治、经济酬报，提供与专业人员相匹配的社会地位，保证其在专业范围内具有正常行使专业权力的自由，保障专业人员进修权益在内的特定福利待遇。此外，毫无疑问，还应保证其具有的其他社会成员具有的权力。对个人而言，提出了资质、进修、责任与专业伦理等多方面要求。可以说，在这份建议书中所定义的"教师专业化"的内涵极为丰富。

我国著名教育理论家叶澜教授正是看到国内学术界存在的这一偏颇，特别提出"教师发展"的概念，意在纠正时弊，拨乱反正。她指出："我们通常称其（教师专业发展）为'教师发展'，为的是强调两者的区别。当我们谈论教师专业发展时，关注的重心在专业与职业的区别，强调专业人员要有专业理论、技术与专业资格保证，具有行使专业自主权的能力与相应的职业道德等；当我们论及'教师发展'时，关注的是作为具体而丰富的人（而非工具）的整体发展问题。专业发展是人的整体发展的重要且与其他方面的发展相关的构成，但不是全部。"[①]

这两者之间的区别，在我们看来，可能涉及很多方面，但核心之别在于，我们把有些人仅仅看到的教师专业发展的工具意义，调整到把教师专业发展视为更为丰富的人的发展的目的意义上来思考。

分析与应用

一、如何理解教师是一位专业工作者？他（她）的专业性表现在哪里？

二、如何看待专业发展不同阶段的教师学习？

三、教师专业发展中的教师自身生存意义是什么？为什么？

四、有人说"教师是红烛，燃烧自己照亮别人"，请用本章学习的理论分析这一观点。

[①] 叶澜著：《"新基础教育"论——关于当代中国学校变革的探究与认识》，教育科学出版社 2006 年 9 月版，第 358 页。

第六章 学校课程

学校课程是学校工作的核心。学校实现自己的培养目标,主要是通过学校课程安排与实施逐步实现的。离开课程,学校培养目标只能是空中楼阁。

第一节 课程与课程分类

一、课程

作为汉语的一个词语,"课程"一词古已有之。唐代学者孔颖达在为《诗经·小雅·小弁》中的"奕奕寝庙,君子作之"作疏的时候,写道:"以教护课程,必君子监之,乃依法制。"这是目前见到的汉语文献中最早出现的"课程"。当然,作为古汉语的一个词语,它的意思与今天教育学中的"课程"概念相距甚远。这里的"课程"是联合式动词,意为"监督、考核"[①]。朱熹也在《朱子全书·论学》中提到"宽着期限,紧着课程","小立课程,大作工夫"等。

陈桂生教授认为,所谓"古代课程"实际均为"学程",只有学习内容的规范,没有教法的规定。[②] 章小谦、杜成宪教授认为,汉语中,"'课程'在南宋朱熹那里已经有了'课业的进程'这种含义,应该说,这是传统'课程'与现代'课程'共有的最本质的含义"。19世纪50年代中国,"在洋务学堂中,外国语言和近代自然科学的课程成为主课程,年级制和班级授课制取代了古老的个别教学形式,课程概念很快实现了从传统到近代的转换",即"学校教育内容及其进程"。[③] 从中可以看到,作为古汉语中一个常用语的

[①] 对于课程最早词源的考察,以前国内学者有过与此不同的看法,参见施良方著:《课程理论:课程的基础、原理与问题》,教育科学出版社1996年版,第2页;张华著:《课程与教学论》,上海教育出版社2001年版,第66页。参见章小谦、杜成宪:《中国课程概念从传统到近代的演变》,载《华东师范大学学报》(教育科学版),2005年第4期。

[②] 陈桂生:《"课程"辩》,载《课程·教材·教法》,1994年第11期。此文后收入陈桂生著:《教育学视界辨析》,华东师范大学出版社1997年4月版,第110—112页。

[③] 章小谦、杜成宪:《中国课程概念从传统到近代的演变》,载《华东师范大学学报》(教育科学版),2005年第4期。

"课程",正逐渐朝着现代教育学的一个基本概念"课程"演变的历史轨迹。

英语中,课程(curriculum)一词源于拉丁文"Currere"。对该词词根,人们有不同的解释。有人根据其名词形式的意义,将其理解为"跑道";另外的人则按其动词形式的意义,将其理解为"在跑道上奔跑"。持前种见解者大多将课程理解为静态的学科内容,而持后一见解者,则更多地将课程理解为动态的经验或体验过程。对"课程"的不同了解,很多就是由在这两者之间摆动的幅度不同引起的,或者是这两种观点的变种。总之,虽然关于"'课程'是什么的争论"一直很多,但是,实质性的争论,还是这两种观点的争论。

现代以来,强调课程作为"学"的动词含义及其与学习者生活历程的内在关系,有利于我们突破对于课程的静态理解,也有利于突破近代以来形成的把课程过分地当"教程"的理解,使我们更加关注课程本来应有的关怀生命、体验生命和提升生命的内涵。然而,过分注重课程中存在的"学"的动词含义,过分强调这种"学"与学习者生活历程的内在关系,看不到课程作为"学的内容"的规定性,也容易让课程过分迁就学生的兴趣、愿望,茫然不知所措。比如,美国现代教育史上出现的一些自称"进步主义教育"的激进的学者,过于强调课程适应儿童兴趣,导致教育质量严重失控,引起美国朝野普遍批评。

这种由对儿童"活动"的关注,到对"学科"(或曰"教育内容")的聚焦,套用孟宪承的话说,就是课程概念从连接"个人"和"社会"的桥梁的这一端移到了另一端。[1]

课程概念既是一定经济、政治发展基础上的产物,也体现了某种教育理念。就学校教育的实际情境而言,既有反映课程理论家主张的应然状态的"课程"理念,也有纠缠于社会各种关系之中的实然状态的"课程"事实。理念必然会干预事实,事实也不只是任凭理念揉捏的面团。因此,拉格(H. Rugg)所言:"最重要的是,编制学校课程的人,要坚持对整个情境有总的看法。"[2]那么,当今中国,我们应该秉持什么样的课程理念,如何定义我们的课程概念呢?

叶澜在揭示应试教育重压下课堂生活中学生个体精神生命发展主动权丧失的严

---

[1] 孟宪承编:《教育概论》,商务印书馆1933年9月版,第89页。孟宪承认为:"社会蓄积的社会经验已恒如沙数。不成熟的儿童绝不能够参加。所以没有教育,则社会和个人之间无形中隔着一道鸿沟;有了教育,就造成一个稳渡鸿沟的桥梁似的。这桥梁的两端,是蓄积的、丰富的社会经验和没有充分发展的个别儿童。课程的中心问题,也就是社会和个人的相互联系。"

[2] Zais, R, Conceptions of Curriculum and the Curriculum Field. *Curriculum: Foundations and Principles*, 1976. 转引自瞿葆奎主编:《教育学文集·课程与教材(上)》,人民教育出版社1993年11月版,第245页。

峻现实之后,提出了生命教育的理念。主张"把课堂还给学生,让课堂焕发出生命活力"①,她深刻地指出,"人的生命是教育的基石,生命是教育学思考的原点"。生命作为教育的基础,包含三个方面的内涵:(1)教育具有提升人的生命价值和创造人的精神生命的意义;(2)人类精神力量通过教与学的活动而在师生之间、生生之间实现转换和更新的生成过程;(3)师生主动积极地投入学校各种实践,是人的发展的重要内在保证,是人的生命特征的本真体现。据此,反观课程概念,我们不难发现,知识中心课程存在的主要问题可能在于它忽略了个体、忽略了生命。知识本是人这一生命体存在的方式和不停追求的结果,然而,知识在由经验、体悟、直觉等"蜕变"为"抽象、概括和体系化"符号系统的过程中,生命的种种丰富的实存特性,如具体性、情境性、偶然性、随机性、个别性、差异性等等,被"过滤"了,转而凸显了"客观"、"公共"、"普遍"和"显性"等特征,这些特性,又在课程的制度化过程中,越来越与"主观的"、"个人的"、"特殊的和个别的"、"隐性的"、"非知识的"形成对立,不断获得优越于后者的"特权"。由于生命性被剥离、被过滤,传统课程中的知识愈发具有某种"威权",甚至幻化为"真理";而"非知识"的体验,愈发丧失其存在的"合法性"。学校课堂越来越成为"有书无人"、"有知识无生命"的文本"复制"场所,知识,事实上主宰了课程。

  针对这种状况,从"生命"这一教育原点出发,我们不难理解,课程其实就是一种生命的历程,是儿童成长的生命历程,教师发展的生命历程。用生命观来理解课程,课程的价值追求就是生命的成长,对学生而言,是对新一代生命价值的提升。它不仅仅满足每一个生命潜在生命力开发与生长的需要,而且努力达成生命之间的相互理解和认同。用生命观来理解课程,课程引起的人与人之间、社会、人与人之间自然的交往,就是各种精神能量的交换,这种交换类似于信息的交换,即付出但并不因此而减少,甚至付出者还会在"付出"的过程中"增值"。用生命观来理解课程,课程的展开过程不再只是从"教"入手的"教程",也不仅只是从"学"出发的"学程",而是师生以其本真状态投入生命之流的过程,是一个师生共同提升精神生命的过程。课程不再是外在于师生的东西,而是师生共同的生活履历和历程。课程不再是强加于师生、迫使他们被动接受的东西,而是师生主动投入其中的"生命流动过程",课程成为学生生命表现和体验的文本。②

---

① 叶澜:《让课堂焕发生命活力》,载《教育研究》,1997年第9期。
② 本部分内容,根据杨小微的《课程:学生个体精神生命成长的资源》相关内容改写,原文见《华中师范大学学报》(人文社会科学版),2006年第3期。

二、课程分类

学校课程的分类,虽然不能不考虑课程论中的一般课程分类,但主要根据现阶段中国学校课程运作的实际。惟其如此,本节课程分类的划分,既不必纠缠于课程论中课程分类的繁琐与争论,也不至于滑入自说自话、无法沟通的窘境。

现代学校课程,不管是在分权制管理的英、美、加、澳等国,还是在集权制管理的中、法、俄、日等国,课程总是建立在严格的理论研究基础上,并通过教育行政部门的确认之后,有计划地实施的。差别只在分权管理的国家,执掌课程开发与管理权限的教育行政部门多为州或学区教育主管部门;而集权制管理的国家,执掌课程开发与管理权限的教育行政部门一般为中央教育行政部门。但不管哪类国家,其学校课程开发实施总是经历了五个环节。

早在1960年,美国课程专家古德莱德率先提出不同于实践中的课程形态的课程专家具有的"理想的课程"(ideological curriculum)问题。[①] 1973年,古德莱德在与他的同事共同研究课程实践中,正式提出课程从"理想的课程"(ideal curriculum),到"正式的课程"(formal curriculum)、"领悟的课程"(perceived curriculum)、"运作的课程"(operational curriculum),最终到学生"经验的课程"(experiential curriculum)这样的课程运作的课程链理论。[②]

在"课程链"中,"理想的课程",是指一些研究机构或课程专家等提出应该开设的课程。"正式的课程",是指被教育行政部门或者学校采纳的课程,主要以书面形式出现,课程指南(方案)、课程标准(教学大纲)、选定的教材,以及由课程委员会(大体相当于我国中小学的教导处)提出的学习模块等等。"领悟的课程",是指一种观念形态的课程,既包括教师领悟的课程,也包括家长领悟的课程,这些人对课程的理解,都会影响课程的最终实施。当然,古德莱德也指出,对课程实施产生最重要影响的还是教师对课程的领悟。"运作的课程",是指一节一节、一天一天在学校和教室中实际展开的课程。他认为:"教师对发生于教室的课程的领悟和他们事实上正在教学中体现出来的课程可能差距很大。"[③] 从某种意义上说:"从课堂观察研究者得到的研究结论看,运

[①] John I. Goodlad, Curriculum: The State of the Field [J], *Review of Educational Research*, Vol. 30, No. 3, Curriculum. (Jun., 1969), pp. 369-375.
[②] John I. Goodlad, *Curriculum Inquiry*, McGraw-Hill, Inc. 1979, p. 58.
[③] 同上书,p. 62.

作的课程也是一种领悟的课程。"①事实上,这一点并不难理解,教师教学行为中,必然实质性地体现出他对课程的领悟。虽然,影响教师"运作的课程"的因素很多,包括教师教育观念、教学技能、学生情况和学校文化制度以及相应的课程资源等等,但是,教师对课程的领悟,同样是不可忽视的重要因素之一。"经验的课程",是指学生最终实际上"经验到的"课程。这与我们所说的"经验课程"既有一定的关联,也有明显的差距。它是指任何课程(学科课程或经验课程)最终在学生层面产生的实际效果,即被学生经验到的"课程"。

学校课程,根据课程开发的主体:一般可分为"国家课程"、"地方课程"与"校本(学校本位)课程"。但这不是所有国家的学校课程,都具有这三类课程形态。而且,同一个国家,在不同的时期,情况也不尽相同。如极端分权的美国,其学校课程几乎不存在所谓"国家课程"。而在课程改革之前,我国学校也没有真正意义上的"校本(学校本位)课程"。此外,即使同一个词语,如"校本(学校本位)课程",在分权管理的国家与集权管理的国家,其内涵也相差甚远。一般而言,所谓三级课程的划分,不是一个严格意义上的课程形态的划分,只是处于课程管理而提出的学校课程的区隔。本次课程改革中,新课程提出的"国家课程",是指由国家"教育部总体规划基础教育课程,制订基础教育课程管理政策,确定国家课程门类和课时。制订国家课程标准,积极试行新的课程评价制度"的课程。"地方课程"是指"省级教育行政部门依据国家课程管理政策和本地实际情况,制订本省(自治区、直辖市)实施国家课程的计划,规划地方课程,报教育部备案并组织实施。经教育部批准,省级教育行政部门可单独制订本省(自治区、直辖市)范围内使用的课程计划和课程标准"。"校本(学校本位)课程"是指"学校在执行国家课程和地方课程的同时,应视当地社会、经济发展的具体情况,结合本校的传统和优势、学生的兴趣和需要,开发或选用适合本校的课程"。②

根据学科知识整合程度,现代学校课程又可划分为"分科课程"、"综合课程"与"活动课程"。

"分科课程又称科目本位课程,是指每门学科背后的学术的逻辑性知识体系被视为学科的内容,不考虑学科相互间关联的多学科并列的课程。"③如中小学中开设的历

---

① John I. Goodlad, *Curriculum Inquiry*, McGraw-Hill, Inc. 1979, p. 63.
② 钟启泉编:《为了中华民族的复兴,为了每位学生的发展——〈基础教育课程改革纲要〉解读》,华东师范大学出版社 2001 年 8 月版,第 11 页。
③ 钟启泉著:《现代课程论(新版)》,华东师范大学出版社 2006 年 7 月第二版,第 237 页。

史、地理、数学、物理等课程,就是这类课程。而音乐、美术与体育,一般也被划分在这类课程之中。

这类课程,是把科学研究中学术体系的知识,根据儿童认知特点进行改造,组成学生学习的系统,作为学科内容的体系。它的好处是能使学校课程条理清晰地向学生传播系统的知识与技能,提高学生学习学科知识与技能的效率。其不足在于这类课程极易忽视学生的兴趣与经验,忽视学生的个别差异。也容易导致课程知识与社会生活相脱离。

"综合课程",有人认为"是把若干相邻学科的内容加以筛选、充实后按照新的体系合二为一的新学科"[1]。如我国中小学开设的小学"品德与社会"、"艺术"与"科学"等课程。英国学者J·B·英格拉姆认为,综合课程的优势在于"由于过多的学科中心的教学形式,而使那些共同的作用不能很好地实现。在这种情况下,课程综合化就有可能比分课教学占优势"[2]。并指出:"综合课程和教学对于使学校与社会渐渐打成一片,对于形成既关心一个方面、又关心另一方面的局面,具有一种并非拼凑而成的柔顺性。"[3]

"活动课程",其"基本出发点是儿童的兴趣和动机。它试图用儿童的某些基本动机作为教学组织的中心,以代替学科作为课程的基础"[4]。在不同地区和不同时期的课程文件中,活动类课程有着不同的名称。大陆地区在课程改革之后,在新课程中设置"综合实践活动课程","台湾新制定的'国民教育阶段九年一贯课程总纲纲要'中的综合活动,香港课程发展议会编订的各科课程纲要中的课外活动,都属于名称不同的活动类课程"[5]。

活动课程的优点,在于尊重学生兴趣,发挥学生特长,有利于打破学科界限,促进学科融合,有利于促进学生知识向能力转化,促进学生的学习与社会生活联系,促进学生主动发展。然而,活动课程的不足也十分明显。活动课程对课程实施的条件要求较

---

[1] 廖哲勋著:《课程学》,华中师范大学出版社1991年3月版,第162页。转引自课程教材研究所编:《综合课程论》,人民教育出版社2003年3月版,第6页。
[2] 转引自课程教材研究所编:《综合课程论》,人民教育出版社2003年3月版,第406页。
[3] 同上书,第417页。
[4] 陈侠著:《课程论》,人民教育出版社1989年版。转引自丛维新著:《课程论问题》,教育科学出版社2000年5月版,第232页。
[5] 白月桥:《我国活动类课程的历史沿革》。引自中央教育科学研究所活动课课题组编著:《活动课程理论与实践探索》,教育科学出版社2001年4月版,第1页。

高,教育成本也往往因此提高。活动课程容易漂浮在活动表面,缺乏应有的深度。在活动课程实施过程中,学生学习知识的数量显著减少,知识的结构明显松散。此外,活动课程的评价比起分科课程要复杂。同时,由于评价主观性成分加大,如何使评价准确、公允,是一个更需要谨慎对待的事情。

三、隐性课程与显性课程

学校课程在哪里?最简单的说法是"写在课程表里"。是的,现代学校,为"科学管理"的需要,总是在每一学期正式的教育教学活动开展之前,对新学期的工作,尤其是学校课程,做一个仔细的安排。这种安排形式多样,最重要的可能还是学校整体安排的"教学进度表"、"总课程表"与张贴在各个班级中的某一年级某一班的班级"课程表",它们规定了各年级各班教学的"科目"及其进度,实际上也就是学校的"课程"。这种从学校的计划表、计划方案上一望而知的"课程",有些课程专家将它们称作"显性课程"。

虽然,"显性课程"是人们最先意识到的学校课程,而且,在很长一段时期,我们提到所谓"课程",实际上就是指这种"显性课程"。但是,"显性课程"这个名称却是因为一些课程专家提出"隐性课程(或称'隐蔽课程')"之后才随之出现的一个称谓。20世纪60年代,美国一些研究学校教育的学者发现,学校中"一些教育实践及成果,它们在学校政策、课程计划上并没有明确规定,然而又是学校经验中常规的、有效的一部分"[①]。他们把这些在学校课程(教学)计划、课程表上看不到的,但对学生又产生实实在在影响的"教育实践及成果",称为"隐蔽课程"。意思是说,虽然在学校课程表上没有明列出这些"课程",但是,学校中这些"教育实践及成果"却对学生身心发展产生真实的影响,其发挥的作用,有时可以与课程表上明显列出的"课程"——"显性课程"发挥的作用一较高低,甚至有过之而无不及。所以,人们不能不重视它们,不能不研究它们。于是,并用"隐蔽课程"这一概念,将其概念化,纳入课程领域的研究范畴。

然而,在我们看来,这样的归类存在着难以克服的问题。如果我们承认前面提到的"教育"的定义,承认"教育是有意识地以影响人的身心发展为直接目的的社会活动",那么,这种并非"有意识地"安排的活动,它们产生的影响,是不能纳入"教育"范畴

---

① [瑞士]Torsten Husen 等主编,江山野编译:《国际教育大百科全书·课程》,教育科学出版社1991年6月版,第92页。

内研究的。如果我们承认前面提到的"课程"定义,承认课程是"学校教育内容及其进程",那么,我们同样不能认同"隐性课程"的提法。所以,我们一般更赞成这样的观点:"'隐蔽课程'是课程设计时所要考虑的问题;但这是一个比喻词,它不是'课程','课程'是显性的有计划的教育措施。"①

我们不认同"隐蔽课程"的提法,并不是说我们认为上述学者提到的学校中的"一些教育实践及成果"不存在或没有对学生发展产生影响。恰恰相反,我们承认这种实践的确存在,它们的确对学生产生着某种影响。教育研究者要重视研究它们,教育实践者要注意利用它们的有益影响,尽量规避它们的不利影响。比如,一个教师的板书,工整、美观、简洁,不但潜移默化地对学生的书写产生良好的影响,而且可能对学生做事严谨、培养学生爱美意识、提高学生审美能力也会产生良好影响。反之,也可能产生相反的影响。再如,我国中小学现行课桌排放,一律以"秧田式"形状布置。这样的布置,的确存在强化学生守规矩意识,也可能会压抑学生,不利于培养学生主动学习的精神、研讨能力与合作学习能力。显然,这些的确是需要我们研究与正视的"教育问题"。

第二节 课程目标与内容

要清楚地回答"课程目标是什么"的问题并不是一件轻松的事情。这是因为"课程是什么"的问题已经把人们弄得焦头烂额,由此衍生出来的"课程目标是什么"的问题自然也非常复杂。在这里,我们同样只能在我们认同的"课程"概念之下,讨论"课程目标"问题。

拉尔夫·泰勒完稿于 20 世纪 40 年代末期的《课程与教学的基本原理》,偏重于从"行为"改变的视角看待课程目标。他说:"教育是一种改变人的行为方式的过程。这个'行为'是从广义上说的,它既包括外显的行动,也包括思想和感情。当人们以这种方式来看待教育时,显然,教育目标代表着教育机构寻求使它的学生发生的各种行为的变化。"②泰勒在此处提到的"教育目标",实际指称的就是"课程目标"。到 20 世纪 90 年代初,美国另一位学者仍坚持认为:"课程目标就是用具体化的、可以测量的术语

---

① 陈桂生著:《教育学视界辨析》,华东师范大学出版社 1997 年 4 月版,第 119 页。
② [美]拉尔夫·泰勒著,施良方译:《课程与教学的基本原理》,人民教育出版社 1994 年 1 月版,第 3 页。结合全书内容分析,泰勒此处提出的"教育目标"(education objective)实际上是指"课程目标"(curriculum objective)。

表述的取向或结果。课程规划者希望学生在完成了一个特定学校或学校系统的课程计划的部分或全部后,达到这一取向的结果。"①

需要注意的是,课程目标也随着课程层次不同,分为不同层次的课程目标。如学校课程目标、学科课程目标、学段课程目标等等。

课程目标确定之后,紧接着要解决的问题就是课程内容的选择。加拿大学者 M·F·康奈利和 D·J·克兰汀宁认为:"课程内容是指一些学科中特定的事实、观点、法则和问题等等。"②

从根本上说,课程目标是期望学生达到的新的状态,它是课程的灵魂。课程目标一旦确定之后,也就决定了课程内容选择的原则与范围。一般来说,课程内容的选择与组织,都是以有利于课程目标达成为依据的。

一、课程目标的层次与类别

课程目标,一般会随着课程层次不同,分为不同层次的目标。比如,在学校层面,课程目标大体相当于学校培养目标,即学校培养的人才层次与人才规格。在我们国家,这一层次的课程目标,一般反映在国家制定的课程方案中。如《义务教育课程设置实验方案》与《普通高中课程方案》中,就有专门篇幅阐述义务教育阶段和高中各阶段的课程目标。

如教育部 2001 年颁布的《义务教育课程设置实验方案》,在"培养目标"中规定:

> 全面贯彻党的教育方针,体现时代要求,使学生具有爱国主义、集体主义精神,热爱社会主义,继承和发扬中华民族的优秀传统和革命传统;具有社会主义民主法制意识,遵守国家法律和社会公德;逐步形成正确的世界观、人生观、价值观;具有社会责任感,努力为人民服务;具有初步的创新精神、实践能力、科学和人文素养以及环境意识;具有适应终身学习的基础知识、基本技能和方法;具有健壮的体魄和良好的心理素质,养成健康的审美情趣和生活方式,成为有理想、有道德、有文化、有纪律的一代新人。

---

① Olivea, P. F., *Developing the Curriculum* (3rd ed.), Boston & Toronto: Little, Brown and Company, 1992, pp. 259 - 261. 转引自廖哲勋、田慧生主编:《课程新论》,教育科学出版社 2003 年 3 月版,第 144 页。
② [瑞士]Torsten Husen 等主编,江山野编译:《国际教育大百科全书·课程》,教育科学出版社 1991 年 6 月版,第110 页。

这实际上是学校层面的"课程目标",作为学校所有课程制定课程目标的依据。

具体到学校某一课程,都有自己的课程目标。比如语文课程有语文课程的目标,数学课程有数学课程的目标,综合实践活动课程有综合实践活动课程的目标。这些目标,一般都反映在各门课程的"课程标准"(或"教学大纲")中。课程目标,往往是课程标准中最主要的部分,所占篇幅最大。

同一课程,课程目标在小学、初中和高中不同学段之间,既有一定联系,也有显著的层次区分。一位优秀的教师,不但要准确全面地把握所教学段(如初中阶段)的课程目标,理想的状态,还要求教师也掌握本阶段目标得以发展而来的"小学阶段"的课程目标,以及将要延伸开去的"高中阶段"的课程目标,就是说,要在目标的体系中掌握目标。教师如能如此,将会更主动、灵活地在教学过程中体现目标。

某一门课程的课程目标,一般又包括"课程总目标"与"课程不同学段目标"。如以全日制义务教育语文和数学课程为例,教育部 2001 年颁布的《全日制义务教育语文课程标准(实验稿)》中,规定的课程总目标如下:

1. 在语文学习过程中,培养爱国主义感情、社会主义道德品质,逐步形成积极的人生态度和正确的价值观,提高文化品位和审美情趣。

2. 认识中华文化的丰厚博大,吸收民族文化智慧。关心当代文化生活,尊重多样文化,吸取人类优秀文化的营养。

3. 培植热爱祖国语言文字的情感,养成语文学习的自信心和良好习惯,掌握最基本的语文学习方法。

4. 在发展语言能力的同时,发展思维能力,激发想象力和创造潜能。逐步养成实事求是、崇尚真知的科学态度,初步掌握科学的思想方法。

5. 能主动进行探究性学习,在实践中学习、运用语文。

6. 学会汉语拼音。能说普通话。认识 3500 个左右常用汉字。能正确工整地书写汉字,并有一定的速度。

7. 具有独立阅读的能力,注重情感体验,有较丰富的积累,形成良好的语感。学会运用多种阅读方法。能初步理解、鉴赏文学作品,受到高尚情操与趣味的熏陶,发展个性,丰富自己的精神世界。能借助工具书阅读浅易文言文。九年课外阅读总量应在 400 万字以上。

8. 能具体明确、文从字顺地表述自己的意思。能根据日常生活需要,运用常见的表达方式写作。

9. 具有日常口语交际的基本能力，在各种交际活动中，学会倾听、表达与交流，初步学会文明地进行人际沟通和社会交往，发展合作精神。

10. 学会使用常用的语文工具书。初步具备搜集和处理信息的能力。

总目标一般比较抽象、概括，它总体规划该门课程的规格，是课程各学段目标制定的依据。各学段目标要准确、完整地体现总目标。我们试举七至九年级"阅读"部分目标为例，分析总目标与学段目标的关系。以下是阅读部分的七至九年级阶段目标：

(二)阅读

1. 能用普通话正确、流利、有感情地朗读。
2. 养成默读习惯，有一定的速度，阅读一般的现代文每分钟不少于500字。
3. 能较熟练地运用略读和浏览的方法，扩大阅读范围，扩展自己的视野。
4. 在通读课文的基础上，理清思路，理解主要内容，体味和推敲重要词句在语言环境中的意义和作用。
5. 对课文的内容和表达有自己的心得，能提出自己的看法和疑问，并能运用合作的方式，共同探讨疑难问题。
6. 在阅读中了解叙述、描写、说明、议论、抒情等表达方式。
7. 能够区分写实作品和虚构作品，了解诗歌、散文、小说、戏剧等文学样式。
8. 欣赏文学作品，能有自己的情感体验，初步领悟作品的内涵，从中获得对自然、社会、人生的有益启示。对作品的思想感情倾向，能联系文化背景作出自己的评价；对作品中感人的情境和形象，能说出自己的体验；品味作品中富于表现力的语言。
9. 阅读科技作品，注意领会作品中所体现的科学精神和科学思想方法。
10. 阅读简单的议论文，区分观点与材料（道理、事实、数据、图表等），发现观点与材料之间的联系，并通过自己的思考作出判断。
11. 诵读古代诗词，有意识地在积累、感悟和运用中，提高自己的欣赏品位和审美情趣。
12. 阅读浅易文言文，能借助注释和工具书理解基本内容。背诵优秀诗文

80篇。

13. 了解基本的语法知识,用来帮助理解课文中的语言难点;了解常用的修辞方法,体会它们在课文中的表达效果。了解课文涉及的重要作家作品知识和文化常识。

14. 能利用图书馆、网络搜集自己需要的信息和资料。

15. 学会制订自己的阅读计划,广泛阅读各种类型的读物,课外阅读总量不少于260万字,每学年阅读两三部名著。

比照这一学段目标与总目标,不难看出,七至九年级语文课程阅读部分的目标,在记叙文、议论文、科技说明文等文体、文言文及古诗词等方面,从朗读、浏览、略读等阅读能力方面,具体规定了学生应该达到的程度,体现了总目标的要求,反映了本学段的特点。

此外,在一个学科课程目标与其他学科目标之间,还存在着呼应关系,把握和主动关照课程目标之间的联系,有利于教学突破学科限制,促进不同学科知识之间的融通,促进学生所掌握的知识整合。总之,对教师而言,在网络状的结构中掌握课程目标,是一种理想的状态,当然,也是一种需要付出巨大劳动才能得到的状态。

课程目标,依据其性质不同,又分为行为目标、展开性目标与表现性目标。但是,需要注意的是,"学校教育目标(仍然是指'课程目标',下同。——引者注)的任何陈述,都应该是陈述要学生发生的变化"[1]。因为,在泰勒看来:"陈述教育目标的目的,是要指明期望学生产生的各种变化,以使用一种很可能达到这些目标的方式来设计和制定各种教学活动。"[2]比如,我们在前面提到的七至九年级阅读部分的阶段目标陈述就符合这一要求。比如"4.在通读课文的基础上,理清思路,理解主要内容,体味和推敲重要词句在语言环境中的意义和作用"一项,显然是对学生提出的要求,至于学生的行为变化,就包含可以"理清思路,理解主要内容,体味和推敲重要词句在语言环境中的意义和作用"这样的期待。

(一) 行为目标

行为目标(behavioral objectives),是课程理论中最早提出,也是使用最普遍的一种目标。自从1908年博比特写出《课程》之后,课程主要以行为目标为自己的目标。

---

[1] [美]拉尔夫·泰勒著,施良方译:《课程与教学的基本原理》,人民教育出版社1994年1月版,第34页。
[2] 同上书,第35页。

1949年，泰勒出版《课程与教学的基本原理》之后，行为目标发展更为完善，泰勒本人因此被誉为"行为目标之父"。在泰勒看来，所谓课程目标，它表述的是经过课程实施（教学）之后，学生行为变化的结果。不过，在泰勒这里，"行为"一词，获得了更广泛的意义，情感与态度等心理变化也被纳入"行为"之中。

在行为目标的表述中，目标陈述的最有效的形式，应当是"既指出要使学生养成的那种行为，又言明这种行为能在其中运用的生活领域或内容"①。

具体而言，行为目标的表述一般可以从以下几方面考虑：

1. 目标陈述的主体词应该是学生

课程目标，归根到底，表述的是期望学生出现的行为变化。很多人总是习惯以教师的行为表述课程目标，这是有问题的。早在20世纪50年代，泰勒就批评道："教育的真正目标不在于要教师从事某些活动，而是要使学生行为方式发生有重大意义的变化，因此，重要的是要认识到：学校教育目标的任何陈述，都应该是陈述要学生发生的变化。"②

以下是我们列出的几条课程目标。我们结合这些目标，来分析讨论其中的合适与错误。

(1) 借助新华词典等工具书，解决本课中的生字、生词问题。

(2) 结合课文细节描写，归纳主人公的性格特点。

(3) 能联系上下文，理解词句的意思，体会课文中关键词句在表情达意方面的作用。

(4) 能借助字典、词典和生活积累，理解生词的意义。

(5) 在1—100的自然数中，能找出某个自然数的所有因数，能找出两个自然数的公因数和最大公因数。

(6) 会分别进行简单的小数、分数（不含带分数）加、减、乘、除运算及混合运算（以两步为主，不超过三步）。

(7) 会用提公因式法、公式法（直接用公式不超过二次）进行因式分解（指数是正整数）。

---

① [美]拉尔夫·泰勒著，施良方译：《课程与教学的基本原理》，人民教育出版社1994年1月版，第36页。
② 同上书，第34页。

上面这几条语文、数学课程目标,都符合"目标陈述时,主题词应该是学生"这一要求。而下面几条课程目标的陈述,就违背了这一要求。

(1) 使学生掌握平行线的判定公理及判定定理。
(2) 使学生能根据判定公理及定理进行简单的推理论证。
(3) 培养学生的"观察——分析"和"归纳——概括"能力。
(4) 提高学生类比联想推广命题的能力。
(5) 让学生了解分数的产生,理解分数的意义,认识分数的分母、分子,认识分数单位的特点,能正确读、写分数。
(6) 培养学生的抽象概括能力。

显然,在这里,是"教师""使学生掌握平行线的判定公理及判定定理",主体词是"教师",违背了这一基本要求。其他例子,情况也完全相同。

2. 行为动词要具体

在陈述行为目标的时候,表示学生行为变化的动词,要清晰、具体。否则,模糊不清的"动词",似乎表达了课程目标指出的"期望学生的行为变化",但到底如何变化,还是混沌不清。我们看看下面陈述比较成功的例子:

(1) 能够区分写实作品和虚构作品,了解诗歌、散文、小说、戏剧等文学样式。
(2) 会用提公因式法、公式法(直接用公式不超过二次)进行因式分解(指数是正整数)。
(3) 能根据一次函数的图像,求二元一次方程组的近似解。
(4) 能联系上下文,理解词句的意思,体会课文中关键词句在表情达意方面的作用。
(5) 能借助字典、词典和生活积累,理解生词的意义。

在这些例子中,行为动词都很清晰,也很具体。如例(1)中的"区分"、"了解";例(2)中的"用……法进行因式分解",等等。

与此相反,一些课程目标中表示行为的动词,就比较笼统、模糊,就非常不利于发挥课程目标的指导、评价作用的发挥。如:

(1) 培养学生的"观察——分析"和"归纳——概括"能力。
(2) 培养学生的抽象概括能力。
(3) 培养学生认真观察的习惯。

需要指出的是,课程目标中表述动作的词语到底如何算清晰、具体,一直就是一个很大的难题。往往对于课程目标清晰、具体的要求,也常常招致人们的批评。人们认为,这样的陈述目标,会过于刻板、琐碎,同时会忽视教育过程中很多非常重要的学生变化。所以到20世纪70年代,泰勒也提出:"目标应该是清晰的,而不一定是具体的。"如何实现目标的一般化(从另一个角度看,也是具体化)程度,泰勒进一步指出:"我们要考虑到教师、教材专家、课程专家、心理学家、社会学家和人的发展方面的专家提供的建议和判断,并用有助于建设性决策的方式来审议这些建议和判断可能带来的后果,以此作为最初目标的基础,以供在实际的课程规划中检验它们的可行性和它们的效果。"[1]

3. 表述行为变化的程度要清楚

严格地说,表示出课程目标中行为的变化,只是指出了目标期望达成的行为变化的方向。这是必须的,但仅仅止步于此是不够的,还要尽可能把期望行为变化的程度也交代清楚。以下是表述较好的例子:

(1) 能借助词典阅读,理解词语在语言环境中的恰当意义,辨别词语的感情色彩。
(2) 小数点后两位小数的加法运算。

而另外一些课程目标的陈述,在期望行为变化的程度方面,表述得不是很清楚。比如:

(1) 通过查阅字典、词典,读出课文。
(2) 掌握相似三角形之间的关系。

---

[1] [美]拉尔夫·泰勒著,施良方译:《课程与教学的基本原理》,人民教育出版社1994年1月版,第136页。

在上面两个例子中,例(1)"读出课文"就是行为动词变化程度不清的典型。"读出"是什么程度的"读出"呢?断断续续的"读出",比较流畅的"读出","朗读",乃至"朗诵"都是"读出",显然不够清晰。例(2)中的"相似三角形之间的关系",是意义比较丰富的表达。我们都知道,相似三角形之间的关系,有对应角相等,对应边成比例。相似三角形的一切对应线段(对应高、对应中线、对应角平分线、外接圆半径、内切圆半径等)的比等于相似比。相似三角形周长的比等于相似比。相似三角形面积的比等于相似比的平方。当我们不限定行为动词变化的程度时,就容易使人莫衷一是,没办法把握。

4. 提出行为变化的具体条件

课程目标是期望经过教学之后,学生行为发生变化。但是,同样的变化,在不同的条件下,难度并不一样,有时甚至完全不同。这就要求我们陈述课程目标时,要能限定行为变化的条件。比如:

(1)能借助词典阅读,理解词语在语言环境中的恰当意义,辨别词语的感情色彩。

(2)在1—100的自然数中,能找出某个自然数的所有因数,能找出两个自然数的公因数和最大公因数。

(3)能联系上下文,理解词句的意思,体会课文中关键词句在表情达意方面的作用。

(4)能在实验室条件下,利用高锰酸钾制取并收集氧气。

在上述例子中,"借助词典"、"在1—100的自然书中"、"联系上下文"和"在实验室条件下"等,都是对行为变化的条件限定,或者说是提供的条件。也许离开某个条件,相关的行为变化就不再成立了。因为,它很可能是不合情理的目标。也许是过高的,也许是过低的目标。

(二)展开性目标

展开性目标(evolving purpose),如要从英文原意上严格翻译,只能译为"展开性目的",因为,事实上,它也很难在教育活动展开之前设计出来。它只是教育者怀揣的一个"目的"而已。

教育活动从根本上讲,是人与人之间的交往,是生命与生命之间的交流。尽管这种交往与交流具有自己不容忽视的特点,它必须围绕"教育资料"——人类精神文化(符号体系的知识)为主要构成的媒介展开。但是,围绕人类精神文化展开交流的两极——教育者与受教育者,都是具有鲜活生命的完整的人。虽然他们的任务特点是围绕着知识的教学,但是,由于人的复杂性,也由于近代以来知识观的巨大变革,人类伦理观的变革,这一活动虽有目的、组织与计划,两类生命体在交往过程中,早先拟定的"计划"极有可能出现变化。这些变化,有些是消极的,需要控制、引导,有些确实是积极的、生动的,甚至更体现了生命活动的魅力。它们不但不是教学要刻意回避、控制的因素,反而是现代教育要着意捕捉、机智利用的因素,是全人的教育需要虔诚以待的资源。

正是看到人类生命现象的丰富复杂,因而一些课程专家对行为目标带来的教育过程的刻板、控制乃至压迫,提出了尖锐的批评,甚至是激烈的批判。英国学者伊诺克·鲍威尔(Enoch Powell,1985)把英国政府的教育称作"现代的野蛮",他认为,英国"政府对教育和学校教学的功能采取一种功利的和限制性的态度。这绝不是一种对待教育的人道的方式"①。著名课程专家斯滕豪斯(L. Stenhouse)也认为:"教育把人类引入作为一种思想体系的文化殿堂,是为了扩大它们的自由。它是一种支持创造性思维,为判断提供框架的结构。换言之,教育具有自我解释性,并有其固定的内在价值。学校不仅是师生进行探究、尝试、创造的地方,而且是使儿童身体、心理、社会化得到发展的地方。它不是一个机械地生产产品的地方。更重要的是,儿童要成为一个有贡献能力、能理性思维、有爱与被爱能力的人。"②

从某种意义上说,斯滕豪斯等人对行为主义为特征的现代教育的批判是深刻有力的,给人们的启迪也是非常巨大的,今天看来,仍然具有强烈的现实意义。当前世界范围内,尤其在美国,这种观点,在人本主义心理学的支持和后现代主义思潮裹挟下,正在课程领域发出越来越强大的声音。有些被标榜为"后现代主义"的课程专家,开始着手"确定新的理论基础,取代半个世纪之前泰勒提出的模式"。他们认为:"新 4R,即丰富性、回归性、关联性、严密性可能有助于我们朝这一方向发展。"③但是,与之相对立,批评这种后现代课程观指导下的课程目标的声浪也从来没有停止过。人们指责这种思想过于浪漫,课程专家舒伯特(William H. Schubert,1986)指出:"展开性目标原则上听起来太理想化。首先,展开性目标使用,要求教师能与学生进行意义丰富的对话。

---

① 罗厚辉著:《课程开发的理论基础》,山东教育出版社 2002 年 4 月版,第 119 页。
② 同上注。
③ [美]小威廉姆·E·多尔著,王红宇译:《后现代课程观》,教育科学出版社 2000 年 9 月版,第 230 页。

大多数教师并没有受过这样的训练,难以胜任这样的要求。其次,即使有足够多的教师受过这样的训练能够胜任这一对话,有些教师也不愿意采用这一互动的教学方式,因为这样做,教师需要额外的努力和必要的计划。教学,对很多教师而言,只是一个工作,而不是一项终生的使命。"[1]舒伯特只是从现实可能性的角度,对这一目标提出了质疑。20世纪90年代中期,美国课程学者格鲁斯(Paul R. Gross)与勒维特(Norman Levitt)更从理论层面提出质疑:"我们是否已真的处于后现代时期。"他们问道:"也许,我们只是处于现代时期的晚期阶段?"他们说:"有人认为,后现代阶段文化和知识发展的'城镇叫喊者们'是神话的编造者、迷信的供应者。"[2]这些观点,表现出对来自后现代的过度解构、去中心的不满。

我们以为,行为目标毕竟反映了学校教育的基本特点,它虽然存在一些不足,甚至潜藏着很严重的问题,但不能因此否定行为目标的重大意义。学校教育在基本面上还必须以行为目标作为其坚实的基础。同时,对行为目标的坚持,不能过分强调目标"具体",用泰勒的话说,"只要清晰就可以了"。就是说,只要课程编制者,尤其是教师能清楚把握就可以了。展开性目标的确能反映教育的复杂性和丰富性,反映人成长的多方面需要,现代课程应该为展开性目标留下足够的空间。它与行为目标不是"有你无我"的决然排斥的关系,完全可以相辅相成:不仅可以相互配合,而且可以在彼此之间获得启迪、吸收智慧,不断完善自身。

(三) 表现性目标

表现性目标(expressive objective)同样来自对行为目标的批判。表现性目标的最初倡导者是美国课程专家艾斯纳(E. W. Eisner)。艾斯纳原来从事艺术教学,在艺术教学过程中她发现,只关注行为目标的目标描述模式不适合艺术课程的特点。艺术课程在很多情况下,要学生达到的是自己根据一定条件发挥的独特创造。从艺术课程得到启发,艾斯纳将这一思想推广到学校课程的其他领域。

表现性目标的确可以冲破行为目标"过度规划"、"刻板"、"粗糙"的确定,对培养学生自主、个性与创造精神具有积极的意义。表现性课程目标,实际上只提出目标达成

---

[1] William H. Schubert, *Curriculum: Perfective, Paradigm, and Possibility*, [New York] Macmillan Publishing Company, 1986, p. 194.
[2] Paul R. Gross and Norman Levitt, *Higher Superstition: The Academic Left and Its Quarrels with Science*, Baltimore: The Johns Hopkins University Press, 1994. 转引自[美]艾伦·C·奥恩斯坦等著,柯森主译:《课程:基础、原理和问题》,江苏教育出版社2002年12月版,第219页。

的范围与条件,而对所取得的结果只给出方向性的要求。如:

(1) 在校园里找出一个立方体,能利用手边的工具,以两种或两种以上的方法测量、计算它的体积。

(2) 从《红楼梦》中找出两个以上的情节,分析其中反映出来的贾宝玉的性格特点。

正因为表现性目标存在这样问题,所以,批评者就说,表现性目标严格地说起来,不能算作"目标",充其量只能算是"要求"。

二、课程内容

加拿大课程专家康奈利(M. F. Connelly)在胡森主编的《简明国际教育百科全书·课程》中,对课程内容的定义是:"课程内容是指一些学科中特定的事实、观点、法则和问题等等。任何特定内容项目都可以为不同的教学目的服务;反之,不同的内容项目也可以为特定的教学目的服务。"他认为,课程内容研究包括"课程内容的概念化"、"课程内容的选择"和"课程内容的组织"。其中,"课程内容的组织"包括课程内容的"纵向组织"和"横向组织"。"纵向组织是指整个课程中内容的连贯。一般说来,这是指各年级中内容的连贯,更进一步说,这是指某节课中观念的逐步深入。""横向组织,是指课程内容中的一部分与其他部分的结合与平衡。"[①]

我国学者施良方认为:"课程内容是指各门学科中特定的事实、观点、原理和问题,以及处理它们的方式。课程目标一旦有了明确的表述,就在一定程度上为课程内容的选择和组织提供了一个基本的方向。"[②]

这两个观点并没有实质性差别。关于课程内容问题的讨论,可以从课程内容取向、内容选择和内容组织三个方面进行。我们以这一框架为基准,吸收康奈利的某些观点进行综合论述。

(一) 课程内容取向

课程内容的取向总是受一个人的课程观制约的。具有不同课程观的人,对课程内

---

① 胡森主编,江山野编译:《简明国际教育百科全书·课程》,教育科学出版社 1996 年 8 月版,第 110—112 页。
② 施良方著:《课程理论:课程的基础、原理与问题》,教育科学出版社 1996 年版,第 106 页。

容的看法自然存在差异。但不同的课程内容选择,大体围绕三种不同的取向展开:课程内容即教材;课程内容即学习活动;课程内容即学习经验。

秉持"课程即教学科目"观点的人,比较倾向于认同"课程内容即教材"。把课程内容定位于教材,它的优点是教学有利于体现学科知识的逻辑性、系统性,教学似乎更多地有章可循,也便于对课程教学结果进行评价。但是,这一倾向,往往把先于教学设计好的教材视为教学的重点,忽视对学生的关注,排斥教学过程中师生的互动生成。此外,把传授教材上的知识作为教学的中心任务,也容易忽视学生作为一个完整的人,在知识学习之外的能力发展,以及知识能力发展之外的情感、态度、价值观发展。

坚持"课程即社会文化再生产"观点的人,往往易于接受"课程内容及学习活动"。课程理论发展史上,认为"课程内容即学习活动",可能是课程理论建立以来最重要的观点之一。20世纪初,课程理论的创立者博比特和查特斯认为,学校课程的最重要的任务是要使学生为成人生活作好准备。因此,博比特认为,制定学校课程最科学的方法是通过对人类社会活动的分析,发现社会所需要的知识、技能、能力和态度等。查特斯在《课程编制》(curriculum construction)中也认为,课程工作者的首要任务"是要发现人们必须做些什么,然后向他们展示如何去做"。学校课程和工作把人类活动分析成具体的、特定的行为单位,作为课程内容。这就是著名的"活动分析法"。与"课程内容即教材"取向把重点放在教材上所体现的知识体系上不同,这一课程内容取向把重点放在学生做什么上,注意课程与社会生活的联系,注意教学过程中对学生主动精神的培养。但是,课程内容的这一取向在关注学生学习外显活动的同时,却难以体察学生的活动如何内化课程内容。而且,学生由于个体差异,个人在活动中领悟的意义也是各不相同的。

认为"课程即学习经验"的人,更重视学生的体验。"经验"被作为教育学的一个基本概念,最突出的要算杜威,而把"学习经验"引入课程领域的却是泰勒。在《课程与教学的基本原理》一书中,泰勒列出专节论述"学习经验"。他说:"'学习经验'是指学习者与他对作出反应的环境中的外部条件之间的相互作用。学习是通过学生的主动行为而发生的;学生的学习取决于他自己做了什么,而不是教师做了什么。因此,坐在同一个班上的两个学生,可能会有两种不同的经验。"[1]由此我们可以看到,在泰勒看来,

---

[1] [美]拉尔夫·泰勒著,施良方译:《课程与教学的基本原理》,人民教育出版社1994年1月版,第49页。

不仅课程内容与教材有区别,甚至也不等同于学生的学习活动。学生是教学过程的参与者,外部情境中的某些刺激特征能否吸引他,不仅取决于外部刺激,更取决于学生的认知结构、情感态度。因此,知识主要是"学"会的,而不是"教"会的。这种课程内容取向,引导人们把课程教学的重点转移到学生身上,关注学生的认知结构和情感态度,关注学生学习过程中的实际体验,自然会突破外部施加给学生的东西,而不只是注重教师的活动和教材内容的呈现。但是,把课程内容视为学习经验,无疑增加了课程编制中课程内容选择、组织的难度,甚至也使课程实施和评价变得举步维艰。

三种不同的课程内容取向,各有其优点与不足,在实际对待课程内容这一问题时,不仅要照顾学生的年龄差异和学科不同特点,还要对学校制度乃至社会政治、经济和文化状况作出细致分析,权衡之后能根据课程发生的社会情境综合认识课程内容,也许更为妥当。此外,不同年龄阶段的儿童,由于心理发展水平不同,差异很大,课程内容及其呈现形式也应该有所区别。一般而言,在小学阶段,儿童感性知识居于主导地位,抽象思维发展水平有限,课程内容淡化学科,注重经验,是比较适合的。而到了中学,尤其到高中,学生的理性知识增多,在形象思维不断发展的同时,抽象思维发展迅速,并达到很高水平,课程知识以学科知识呈现,就具有充分的理由。此外,教育的根本宗旨说到底就是培养人。所以,不能把教育等同于知识教学,更不能把教育等同于知识的"授"与"受"。所以,作为教育的具体形态的课程,必须要考虑服务学生,满足学生的成长需要,促进学生多方面发展。兴趣的培养,良好习惯的养成,学会学习、学会做事、学会合作与学会生存这些现代社会迫切需要的人的多方面素养的涵育,都是现代课程在选择内容与组织内容时不能忽视的基本视角。

(二) 课程内容选择

课程内容选择的矛盾,在当今知识增长极为迅速的时代显得尤为突出。联合国教科文组织国际教育发展委员会1972年著名的报告《学会生存——教育世界的今天和明天》指出:"在这个'20世纪的后半期',知识正在以惊人的速度向前跃进。变化正在无限地加速,正像人类的知识和科学工作者的人数迅速增加一样。"[①]有鉴于此,站在21世纪门槛上,国际21世纪教育委员会主席雅克·德洛尔认为,"知识的巨大发展和

[①] 联合国教科文组织国际教育发展委员会编著,华东师范大学比较教育研究所译:《学会生存——教育世界的今天和明天》,教育科学出版社1996年版,第117页。

人的领会吸收能力之间的紧张关系"已成为 21 世纪问题焦点的主要紧张关系之一,是我们必须正视的、需要妥善解决的紧张关系。[①]

课程内容的选择,与学校功能定位密切相关。在全球化、信息化时代,基础教育学校的功能定位诚如叶澜教授所言,应该体现"未来性"、"生命性"和"社会性"。未来性,是指基础教育"要承担起为其(学生——引者注)终身学习和发展奠定基础,为其有可能创造有意义而幸福的人生奠定基础的责任"。社会性的一个重要含义,表明基础教育过程"也是学生社会化的过程"。生命性意指基础教育"是一项直面生命和提高生命价值的事业"[②]。因此,课程内容选择"基础性"问题。课程内容的基础性自然包括学生成为未来社会合格成员所应具有的基础知识与基本技能。但是,在今天,尤其要注意那些有助于学生"学会认知"、"学会做事"、"学会共同生活"和"学会生存"的内容,使基础教育成为学生终身学习的起点,成为学习化社会的核心。其次,课程内容选择要贴近社会生活。可以说,20 世纪初,博比特等开创的学校课程编制的"社会活动分析法",已经充分开了课程内容选择这一先河。当今信息化时代考虑课程内容与社会生活联系,就不仅要考虑课程内容与现实社会生活的联系,还要考虑其与未来社会生活的联系;不仅要考虑学生认知发展的需要,还要考虑其兴趣、意志和情感的发展需要,以及学生主动精神的发展。

(三) 课程内容的组织原则

课程内容的组织分纵向组织和横向组织。泰勒在《课程与教学的基本原理》中提出了三大原则:连续性(continuity)、顺序性(sequence)和整合性(integration)。其中,连续性和顺序性原则主要对纵向组织而言,而整合性主要是横向组织的原则。泰勒提出的连续性"是指直线式地重申主要的课程要素"。连续性是"与连续性有关又超越连续性","是把每一后续经验建立在前面经验基础之上,同时又对有关内容作更深入、广泛的探讨"。整合性强调课程内容的纵向组织"应该有助于学生逐渐获得一种统一的观点,并把自己的行为与所学习的课程要素统一起来"。应该说,泰勒的课程内容组织原理对当今思考这一问题仍然具有启发意义。当代学习理论、儿童发展心理学以及人本主义心理学研究和教育科学本身研究的发展,尤其是加涅(R. M. Gagne)、皮亚杰、

[①] 国际 21 世纪教育委员会著,联合国教科文组织总部中文科译:《教育——财富蕴藏其中》,北京:教育科学出版社 1996 年 12 月版,第 4—5 页。
[②] 叶澜著:《"新基础教育"论——关于当代中国学校变革的探究与认识》,教育科学出版社 2006 年 9 月版,第 217—221 页。

科尔伯格(L. Kohlberg)、布卢姆和马斯洛(A. H. Maslow)等人的研究,为课程内容的纵向组织提供了比较坚实的理论基础。20世纪70年代以后,一些教育学家开始强调课程内容的横向组织原则,探讨课程内容与学生作为"完人"(the complete man)的关系。联合国教科文组织国际教育发展委员会的报告指出:"把一个人在体力、智力、情绪、伦理各方面的因素综合起来,使他成为一个完善的人,这就是对教育基本目的的一个广义的界说。"①因此,要打破学科界限和传统知识体系,让学生有机会更好地探讨社会和个人关心的问题。由此,融合课程、广域课程、核心课程和经验本位课程越来越受到课程学者的关注。

课程内容的组织曾经存在逻辑顺序与心理顺序的争论。逻辑顺序是指根据学科本身的系统和内在连续性来组织课程内容。心理顺序则坚持课程内容的组织应该按照学生心理发展的特点进行。杜威对这两种观点都提出了批评,并以"经验"为核心,关注教育过程中学生经验的不断改组改造,阐明经验的"连续性"和"相互作用"的原则,在个人经验和现代学科之间探寻联系的纽带。他在《儿童与课程》这本小册子中指出:"从儿童的经验进展到以有组织体系的真理即我们称之为各门科目为代表的东西,是继续改造的过程。"②

在课程内容的纵向组织上,还有直线式和螺旋式的区别。直线式组织就是把一门课程的内容组织成一条在逻辑上前后联系的直线,前后内容基本上不重复。螺旋式组织则在教育的不同阶段上使课程内容不断重复,但重复的课程内容逐渐扩大范围、提高深度。两种组织方式各有优缺点。前者的优点,或许正是后者的缺点。反之亦然。

(四) 课程的类型与结构

课程分类是一个比较复杂的问题,可以根据不同的维度,对课程作出不同的划分。泰勒最早根据课程的组织结构,将课程分为:"(1)具体的科目(specific subjects),如地理、算术、历史、书写和拼写等;(2)广域课程(broad fields),如社会学科、语言艺术、数学和自然科学等;(3)核心课程(core curriculum),与广域课程或具体的科目相结合,供普通教育的需要;(4)一种完全未加分化的结构,就是把整个教学计划作为一个单元来处理,像在一些不那么正规的教育机构(如童子军或娱乐团体)的某些课程中所看到的

---

① 联合国教科文组织国际教育发展委员会编著,华东师范大学比较教育研究所译:《学会生存——教育世界的今天和明天》,教育科学出版社1996年版,第195页。
② [美]杜威著,赵祥麟等译:《学校与社会·明日之学校》,人民教育出版社2005年版,第116页。

那样。"①在上述分类中,第一种即"学科课程"。最后一种即"经验课程",有时又称"活动课程"或"儿童中心课程"。当前我国基础教育课程改革之后增设的"综合实践活动课程"大体属于这一类课程范畴。

现代学校课程的分类,基本是在这一基础上发展起来的。国内有学者根据对国外相关研究成果的综合分析,将现代学校课程分为分科课程、改造了的学科课程和经验中心课程。其中,改造了的学科课程又继续分为相关课程、融合课程、广域课程和核心课程四个亚类。②

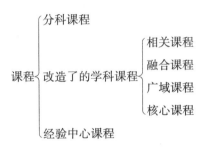

以下逐一对此进行介绍。

分科课程又称科目本位课程,是指每门学科背后的学术的逻辑性知识体系被视为学科的内容,不考虑学科相互间关联的多学科并列的课程。相关课程,是指沿袭基于学科课程的学科区分,试图把若干学科关联起来。融合课程,又称合科课程,比相关课程更增加各教学科目之间的联系,把部分的科目统合兼并于范围较广的新科目,选择对于学生富有意义的论题或概括的问题进行学习。广域课程,取消多数的教学科目,代以少数的广域,而使之彼此联系。核心课程,是在广域课程基础上,为使教育内容充分发挥其统一作用,把相较而言价值最为重要的一域作为中心,其他广域则为周边与中心发生联系。经验中心课程比广域课程又更进一步,最为重视学生的直接经验,由学生自由地选择并组织知识与经验,来解决其接近生活的问题。上述课程的基本趋势是从"学科知识结构与系统"逐渐向"学生经验"开放。六种课程图示如下(见图6-1)。

---

① [美]拉尔夫·泰勒著,施良方译:《课程与教学的基本原理》,人民教育出版社1994年1月版,第79页。
② 钟启泉著:《现代课程论(新版)》,华东师范大学出版社2006年版,第237—239页。

(一) 分科课程

(二) 改造了的学科课程
(1) 相关课程

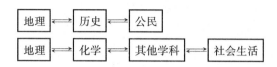

(2) 融合课程

(3) 广域课程

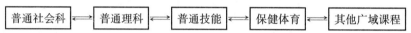

(4) 核心课程

(三) 经验中心课程

图 6-1 现代学校课程分类

三、教科书

教科书是"学校或是任何学习集团在学习一定领域的知识时所运用的教材,以便于教学的方式编辑的图书"①。教科书虽然与教材有关,但不等于教材。在近代以前,并没有严格意义的"教科书",但的确早就运用教材了。比如我国古代的"四书"(《大学》、《中庸》、《论语》和《孟子》)"五经"(《诗》、《书》、《礼》、《易》和《春秋》),蒙学阶段的《三字经》、《百家姓》、《千字文》等,都曾是学校教育的教材,但却不是教科书。教科书是近代制度化学校教育的伴生物,最早提出"教科书"问题的大教育家是夸美纽斯。1658年,夸美纽斯亲自动手编写的《世界图解》的正式出版,这是最早的学校教科书。这本书共150课正文,每课有一幅插图,全书大小插图187幅。全书课文几乎涉及所有知识领域,自然、社会与人体、生产、生活与宗教等,可谓一应俱全。他不但编写了供学生阅读的教科书,而且还相应地编写了供教师阅读的"指导书",使教师能够正确地处理自己所教学科。自此以后,教科书逐渐成为学校教育的核心教材。

现代以来,尤其是最近几十年,由于学校教育制度化程度不断加深,学校自身封闭性加大,教科书也成为独立的系统。学校教育与生活的联系被阻隔,人们的担心也逐渐增强,对教科书成为学校唯一教材的不满开始增强。于是,批判教科书的声音逐渐多起来。人们开始在教科书之外,又有意识地开发其他资源作为教材,与教科书配合使用。

教科书,实际上分学科课程与活动课程,二者有较大区别。我们在这里主要讨论学科课程的教科书。

学科课程教科书,一般必须考虑基础教育学校的基本功能,再根据社会发展现状及其发展趋势,面对各学科研究成果所构成的学科知识体系,"从中得出一定时代共同需要与不可或缺的文化成分,并根据调查的结果,区分出其共同文化的不同层面,据以确定一定时代的'普通教养'与'普通教育'的内涵",从而选择作为教科书的基本内容,为学生的终生发展奠定基础。

教科书内容编辑,除考虑学科知识的体系性及内在结构外,还必须兼顾学生心理发展的顺序,要力争在学科知识逻辑与儿童心理发展逻辑之间寻求平衡。

当今之世,各国教科书制度各不相同,其中"国定制"与"编审制"是两种最为基本的教科书制度。"国定制",是指由中央教育主管部门或其委托机构组织专业人员编辑教科书,全国统一使用。我国大陆在1949年后很长一段时间,实行的就是"国定制"。

---

① 转引自钟启泉著:《现代课程论(新版)》,华东师范大学出版社2006年7月第二版,第377页。

"编审制",是指由出版商组织具有合格资质的专业人员,根据国家发布的课程标准编辑教科书,并按照国家规定的相关程序报请中央教育主管部门或其委托机构审查、批准后发行,供中小学选择。我国大陆在1986年之后开始尝试,在2001年课程改革之后成为一种基本的教科书制度。

教科书使用,在不同的教科书制度下,往往具有不同的规定与要求。在"国定制"下,按部就班地"执行"教科书,更容易受到鼓励。中小学不但没有选择教科书的权力,就是教师使用教科书,也多根据教科书既定内容与既定程序,逐章逐节完成教学。在"编审制"下,教师结合自己教学对象的实际状况、自身教学短长与学校办学传统,创造性地开发教科书更容易受到鼓励。只是这种"创造性开发",对教师专业素养要求甚高,教师既要有高度的事业心,又要有很高的专业能力,包括深厚的学科知识储备、合乎时代趋势的教育理念、深刻的教育洞见和一般的教育理论素养(尤其是课程教学理论素养),才能胜任那些由专家编写、公开发行的教科书的"创造性开发",即"再开发"的重任。这是需要慎重对待的事情,如若不慎,很可能弄巧成拙,留下更多的遗憾。

第三节 课程实施与评价

一、课程实施类型

课程实施(curriculum implementation)就是把课程计划付诸实践的过程。由于这一过程总是伴随着对旧的课程体制的某种否定,因此,课程实施往往与课程变革密切相关,或者说,课程实施总是通过对原有课程变革实现的。但在某些课程学者看来,狭义的课程实施就是教学。

在学校课程实践中,课程实施可谓是一直都在进行的活动,但课程理论界真正开始对课程实施进行有意识的、系统的研究的历史并不长。美国20世纪60年代花费巨资编制的被教育界普遍看好的课程计划,最后在实践中却收效甚微。这一强烈的冲突,激起了课程学者关注并研究课程的实施问题。人们原先以为的课程实施就是"课程采用"(curriculum adoption),至此才发现这样的理解可能过于乐观了。

现在对课程实施研究的分析、总结,人们发现,课程实施一般有三种取向:忠实取向(fidelity orientation)、相互适应取向(mutual adaptation orientation)和创生取向(enactment orientation)。课程实施的忠实取向认为,课程实施的过程就是忠实执行课程计划的过程,衡量课程实施成功与否,主要依据预定课程计划实现的程度。相互适应取向的课程实施,主张课程实施应是课程计划与学校、班级的实际教育情境相互作用的过程。学校、班级的实际教育情境和课程计划中的课程目标、内容、组织等方面,都有可能在相互作用过程中双方都要作出调整。在相互适应取向的人们看来,课程实施过程本来就是一个复杂的、非线性的和动态的过程。课程实施虽然应该提前精心制定计划,但在实施的动态过程中,具有很多不可预测情况。实施者不能控制这种可能性变化,因为,这种可能性也许正是教育的生命力所在。创生取向的课程实施,真正的课程实施是教师与学生联合创造的教育经验,课程实施本质上是在具体教育情境中创生新的教育经验的过程,既有的课程计划只是供这个经验创生过程选择的工具而已。事实上,人们对课程实施的不同态度,虽然受多方面因素影响,但与他们秉持的课程观可能最为密切。如认为"课程即教学科目"或"课程即有计划的教学活动",则更倾向于忠实取向。认为"课程即学习经验",则更可能倾向于创生取向。而持另外一些课程观的人,对相互适应取向可能给予更多的包容。

不论把课程实施视为整个新的课程计划付诸实践的过程,还是把课程实施仅仅狭义地理解为教学,也不论课程实施中人们抱有何种实施取向,20世纪60年代以来半个世纪的课程实施研究表明,对课程实施产生影响的因素,不会仅仅只是事先制定的课程计划本身。除课程计划外,课程计划的编制者和实施者之间的交流、课程实施的组织和领导、教师培训、课程实施所依赖的相应的物质条件、学校制度和文化都是影响课程实施的重要因素。

课程计划本身作为课程实施的一个影响因素,主要指课程计划向学校推行的难易程度、计划的可操作性、计划与原有计划之间的紧张程度以及与原计划相比的长处。一般而言,新的课程计划向学校推行愈是容易、新旧计划紧张关系愈低、比原计划更具优点,课程实施就愈顺利。课程计划的编制者与执行者相互了解愈广泛、愈深入、愈通畅,双方愈是相互取长补短,课程实施就愈顺利。当然,课程实施组织和领导的严密、有效,教师的观念认同和相应的操作技能的熟悉,基本物质条件的保障以及外部相应的制度和文化的一致性,也是课程顺利实施的重要基础。

二、课程实施路径

课程实施的基本路径是课程改革与教学。

学校课程是人们根据社会发展现状与趋势,根据学科研究的最新成果开发出来的教育资源,因而,课程本身居于不断发展状态,是一件十分正常的现象。而学校课程的稳定性,的确只是一个相对而言的事实。中央或地方教育行政部门,根据国家对社会发展现状与趋势的判断,根据学科研究最新进展,组织专家开发各类课程方案、制定课程标准、编写教科书交由中小学实施,以满足社会发展对人才模式的要求。但是,随着包括政治、经济、科学及社会生活等社会形势发展,原有课程就开始出现不再适合、不再合理的因素,这些不合适、不合理的因素累积到一定程度,就会激起人们对课程现状变革的要求,于是,课程改革就成为势在必行的事情。当然,社会如此复杂,人们的看法并不总会相同,有时甚至分歧很大,这就造成赞成课程改革与反对课程改革的争论。即使在赞成课程改革人员内部,也有修修补补、逐渐完善的改良型主张,也有大刀阔斧革命性变革的狂飙。

中国是一个有五千多年文明史的大国,一方面,文化积淀深厚,文化传统力量强大。另一方面,不同地域、不同民族区域内的亚文化生态复杂。课程改革必须考虑这种文化惯性与文化生态的复杂性。另外,东部与西部、城市与农村社会经济发展水平极不平衡,差别甚大。再则总体而言,中国还处于社会主义初级阶段,是一个发展中国家,课程革命性变革往往不切实际,尤其是在强调全国统一改革的时候,忽视地区差别更容易造成混乱。所以,我国课程改革要适度增强省市教育主管部门课程权力,允许各省市根据本地社会实际,采用适合本省市的课程改革方案,安排自己的课程改革进度。

课程改革,往往会在课程理念、课程目标、课程内容、课程实施与课程评价等方面进行系统改革,也有可能侧重其中某一(些)环节进行改革。不管是前者还是后者,课程问题总是一个系统的问题,牵一发动全身。有时候,课程内部大的改革还会牵涉课程外部,甚至学校外部的社会文化制度问题,课程变革者必须充分认识到课程改革的复杂性、艰巨性。任何过于乐观、过于轻率的改革举动,很可能造成本可以避免的遗憾,甚至失败。

课程改革必须争取课程最直接的实施者教师的理解、支持。换句话说,课程改革要照顾到教师的利益。遇到课程改革可能触及教师利益的时候,也要采取其他措施给予补偿,给予帮助,使教师利益尽可能少受损、不受损。任何将教师作为实现其他"课程企图"的工具的做法,牺牲老师利益的做法,都不可能真正得到实施,尤其不可能长期得到实施。美国教育史上曾经出现过的"防教师的课程"(teacher-proof)最终失败[1],与

---

[1] 美国50年代末和60年代的课程改革,设计出一种所谓"防教师的课程"(teacher-proof),课程材料具体规定了教师必须知道、讲解和要做的每一件事,以及学生需要作出的各种反应。教师几乎没有任何改动的余地。但是,这一做法后来被当作五六十年代课程改革失败的原因之一。正如后来人们指出的那样,"如果教师要帮助别人学会思考,则他们自己必须能自己思考,必须能独立行动也能与他人合作,并能作出决定性判断"。详见[美]丹尼尔·坦纳与劳雷尔·坦纳合著,崔允漷等译:《学校课程史》,教育科学出版社2006年3月版,第326页。

改革设计者只是把教师当做实现"课程企图"的工具,有着极为密切的关系。

课程改革的另一路径是日常教学。任何设计妥当的课程方案付诸实施之后,必然要通过学校课程实践完成。学校课程实践固然也不是那么单纯的工作,但是,可以说主要还是教学工作。课程与教学到底是什么关系,与人们怎样认识"课程"有密切的关系。认为"课程即教育内容或教材"的人,可能倾向于课程与教学的关系就是设计方案与实施方案的关系。认为"课程是经验/在教师的指导下所获得的所有经验/有计划的学习经验"的人,在他们看来,可能课程就是教学,教学就是课程。教学话语已经消失在课程论话语之中了。

在我们看来,课程就是一种生命历程。用生命观点来理解课程,课程价值追求的是生命成长,或者说是生命价值的提升。不仅满足每一个生命潜在生命力开发与生长的需要,而且努力达成生命之间相互理解和认同。用生命来理解课程,课程引起人与人之间、社会与人之间自然的交往,就是各种精神能量的交换,这种交换类似于信息交换,即付出但不因此而减少,甚至付出者还可以"增值"。它本质上是一种精神能量的存养方式,经由真诚"对话"与用心"体悟",形成生命之间的直接沟通,不时地达于"我—你"之境。用生命观点来理解课程,课程展开过程就不再只是从"教"入手的"教程",也不仅是只从"学"出发的"学程",而是师生以其本真状态投入生命之流的过程,是一个师生共同提升精神生命的过程。课程不再是外在于师生的东西,而是师生共同的生活履历和历程。课程也不再是强加于师生的、需要他们被动接受的东西,而是师生主动投入其中的"生命流",课程成为学生生命表现和体验的文本。[①] 由此,课程与教学就是一种共生共长的依存关系、相互滋生的关系。

教学的具体运作过程,我们将在下一章展开来详细论述。

三、课程评价

课程评价是研究课程价值的过程,是由判断课程在改进学生学习方面的价值的那些活动构成的。"根据课程概念本身的不同定义方法,课程评价的焦点或目标,可能包括课程需要和(或者)学生需要、课程设计、教学过程、教学中使用的教材、学生成果目标、通过课程学生取得的进步、教师有效性、学习环境、课程政策、资料分配以及教学成

---

① 本部分内容,根据杨小微《课程:学生个体精神生命成长的资源》相关内容改写,原文见《华中师范大学学报》(人文社会科学版),2006年第3期。

果等内容。"①但正如阿尔金(M. C. Alkin)所指出的："'课程评价'这一术语在历史上用于指一些不同的但又相关的概念,这些概念在科研文献上并不是被经常地区分清楚的。有些作者用'课程评价'是指课程成果评价(curriculum product evaluation);又有一些人则指课程计划评价(curriculum program evaluation)。"②

课程成果评价是人们使用"课程评价"常常表达出来的一个内涵,它是指对课程标准(教学大纲)、教科书等成果方面的评价。有人对课程成果评价使用规定的客观标准,这种形式目前仍然被人采用。但近年来,一种依据现场资料作为判断的课程成果评价逐渐受到重视。这种评价可以是形成性的,也可以是终结性的。

课程评价通常表达的另一个重要的涵义是课程计划评价,它是指对特定教学计划与其环境间复杂的相互作用的考察。

由于课程评价是对课程计划和课程活动作出价值判断,它对课程实施乃至课程理论的发展影响越来越大,自然也越来越受到更多人的重视。但是,由于"课程"术语本身备受争议,再加上"价值"也是一个不确定的概念,课程评价的复杂性已经超越了理论范围,变成一个政治权利之争。但是,就总体而言,美国评价专家古巴(E. G. Guba)和林肯(Y. S. Lincoln)根据他们的研究认为,"评价"在本质上是一种通过"协商"而形成的"心理建构"过程。因此,"评价"应秉持"价值多元"信念。

课程评价可以依据不同分类标准,以下侧重介绍几种。

(一)量的评价与质的评价

量的课程评价(quantitative curriculum evaluation)就是力图把复杂的课程现象简约为数量形式,根据量化之后得到的数据进行分析、比较,从而得到对某一课程(或实施)的效果判断。在第一代评价时期(1915—1930年左右),量化评价尤为盛行。在第二代评价时期(1930年左右—1940年左右)依然具有重要地位。

从第二代评价时期开始,尤其到第三代评价时期(1950年左右—1970年左右)之后,包括第四代评价时期直至目前,质的评价逐渐得到重视。质的课程评价(qualitative curriculum evaluation)希望通过自然调查,全面充分地阐释对象的各种特质,把握课程现象动态、复杂而丰富的意义,促进评价者与评价对象之间的理解。

量的课程评价与质的课程评价基于各自不同的课程信念,倚重各自方法、策略,表

---

① 江山野编译:《简明国际教育百科全书·教育测量与评价》,教育科学出版社1991年6月版,第168页。
② 同上书,第173页。

现了各自的优点。但是,课程现象的复杂性决定了任何一种评价形式,在对课程进行评价的时候,有其长处,也有其不足。因此,实际课程评价中,虽然质的课程评价不断得到人们的推崇,但完全排斥量化课程评价形式的情况并不多见。

(二) 形成性评价与总结性评价

1967 年,美国教育评论专家斯克里文(M. Scriven)最早提出了形成性评价和总结性评价这两个用于课程评价的术语。他认为:"形成性评价是在产品(或人员)还在发展或完善过程中采用的。这是一种为内部人员采用的评价。在一般情况下,这是内部的事情,但是可由内部的或外来的评价者进行工作,如果能由内外两部分人员结合起来组织评价就更好了。"[①]形成性评价主要为修订课程计划、改进课程活动提供证据。

总结性评价也有人译为终结性评价,是在一个课程计划(或一门课程)结束之后进行的评价,旨在为满足某些外界人员或部门的特定需要而进行的评价。通过对所编的课程计划或实施的课程的总体判断,作出其是否有效的结论。

按照斯克里文的观点,这两种评价之间没有基本的逻辑和方法论上的差别。只是按照不同的时机、评价报告听取人的差异以及使用评价结果的方法,才能区分在什么情况下的评价是形成性评价,什么是总结性评价。他甚至说,同一个评价,在一些需求者看来可以是形成性评价,而在另一些需求者看来却是总结性评价。

(三) 内部人员评价与外部人员评价

当评价者自己与评价结果利益攸关、直接受评价结果影响,这样的评价可称之为内部人员评价,简称内部评价。内部评价工作,可在集中组织或者分散组织的基础上开展。为了避免利益因素对评价过程、结果的不利影响,分散组织的内部评价依然要有严密的组织。首先是参与评价者要有基本的评价能力,并为他们提供必要的时间,另一方面要求他们为自己的评价结果承担相应的责任。

外部人员评价即评价者与评价结果没有直接利益的评价,简称为外部评价。相比较而言,外部评价的结果更具有公信力和可比性。

当然,评价结果与评价者利益问题也是一个比较微妙的问题,截然的内部和外部的划分可能过于简单。同时,外部评价由于远离评价对象及其活动过程,难以体察到一些细微的变化,可能会影响评价的权威性。总之,当代课程评价的发展逐渐重视在内外评价之间寻找某种平衡的办法。

[①] 江山野编译:《简明国际教育百科全书·教育测量与评价》,教育科学出版社 1991 年 6 月版,第 49 页。

具体的课程评价方式,在西方,尤其是美国,经历了近一个世纪的发展,已经积累了相当丰富的成果。值得一提的是,近年在叶澜教授主持的"新基础教育"实验中探索出来的"推进型评价",虽然不完全是"课程评价"意义上的评价,但的确给课程评价本土化和当代发展提供了重要的启发。叶澜教授指出:"推进型评价旨在形成学校转型性变革与评价体系双向构建和双向生成的格局。它是在转型性变革的实践过程中逐渐形成的,是将已有的变革经验和未来的理想追求两者进行融合而形成的评价式表达。它不仅指向变革过程,成为变革过程的内在构成,而且具有推进下一步变革发展的作用。这种推进型评价的独特性质,不仅表现为上述价值、功能与指向的独特上,也表现在评价的主体与过程等方面,且最终促使学校在评价改革与学校变革的双向建构过程中实现价值创生。"[①]它体现了变革的立场、教育学立场、"生命·实践"学派立场和本土立场。这是我国教育学者在本土教育变革实践中探索出的具有鲜明特色并体现了当代教育发展先进理念的评价思想和评价方式。

分析与应用

一、学科课程与分科课程长短之处分别怎样,请结合具体案例分析。

二、撰写行为性目标的基本原则有哪些?行为性目标的价值是什么?请结合表现性目标与展开性目标的特点分析。

三、你怎样看待眼前正在实施的中国大陆新课程实验?

四、课程是一种生命历程。你如何看待这一观点?如果在学校实践中坚持这一观点,对师生学校生活将会有何影响?

---

① 叶澜:《学校转型性变革中的评价改革——基于"新基础教育"成型性研究中期评估的探究》,载《教育发展研究》,2007(4A)。

第七章　教学原理与课堂教学

教学问题，从来都是教师发展的关键问题，学校工作的核心问题。可以说，教师教学能力欠佳，学校教学质量不尽人意，这样的教师，这样的学校就很难在自己的位置上志得意满，很难得到社会认可。对教师而言，提高教学水平是一项非常复杂而长期的任务。对学校而言，提高学校教学质量，也非朝夕之间可以达到的目标。我们毫不怀疑，提高教师教学水平、提升学校教学质量，是一个受到众多因素牵制的问题，需要多方面努力才能实现。但是，从理论上厘清对教学，尤其是对课堂教学的认识，对提高学校教学质量而言，的确是重要的，甚至是带有基础性意义的举措之一。

下面，我们从教学基本原理与课堂教学一般原则两个方面，尝试着阐明如何认识课堂教学，从而为教师提升自己的教学水平提供理论指导。

第一节　教学的概念

如何认识"教学"，必定要牵涉作为概念的"教学"。古往今来，教育学家对"教学"的研究时间最长、用力最多，对"教学"的见解，分歧也最多。

在此，我们尽量吸收前人研究成果，从"教学的内涵"与"教学的形态"两个方面，独辟蹊径，用自己的方式探讨教学现象，阐述我们对教学的认识。

一、教学的内涵

教学，是学校教育的基本形式与最重要的途径，是"学生在教师指导下在掌握知识过程中发展能力的活动"。"在此基础上，……形成一定的思想品德。"[1]的确，我们不能设想一个离开"知识"而能被称之为教学的活动。我们说教学活动是"学生在教师指导下"的活动，就是说，这一活动就是"有目的"的活动。至于这一目的正确与否，参与

---

[1] 陈桂生著：《教育学视界辨析》，华东师范大学出版社1997年4月版，第144页。

这一活动的"教师"与"学生"是抱有同样的目的，还是相近的目的，或者相互冲突的目的，还要视具体情况而定。从教育主办者而论，他们总是希望这一"目的"符合自己的目的，或者努力将这一"目的"引向自己的目的上去。所以，"教学"总是烙着价值的印记，它不可能是一个"价值中立"的活动。我们认为教学是学生在教师指导下"在掌握知识过程中发展能力的活动"，就是认定"掌握知识"是教学活动的基础、教学活动的核心，是重中之重的一环。离开了学生"掌握知识"的所谓"教学活动"，也就失去了"教学"的基本特质，也就很难被社会大众认可，也就不再被称为"教学活动"。正是在这一意义上，有学者指出，对教学而言，"知识技能等目标是不言而喻、无需特别强调的，任何一种教学都不可能缺少这些目标"[①]。

当然，正如赫尔巴特指出的那样："如果教学仅授予学生知识，那么就无法保证能否通过教学弥补个性的缺点，并给予那种独立于教学而存在的观念群以重大补偿。"[②]这样，健全学生个性与发展学生能力，就是教学不可回避的问题。所谓学生在此过程中"发展能力"，就是说，教学培养学生能力，不是毫无凭借就可以实现的，必须在指导学生"掌握知识"这一过程中才可能实现。一方面，很多"能力"，实际上就是知识的恰当运用，没有知识，当然也就无所谓能力。另一方面，在掌握知识的过程中，学生由此掌握的各种学习方法、思考问题的方式以及由此获得的思维发展，都为能力形成奠定了基础。当然，我们也承认，指导学生掌握知识，学生并不一定"自然而然"地发展能力。事实上，学生掌握知识而没有发展能力，甚至掌握了知识反而丧失能力的事情，也不是不可能发生的。一般所称的"书呆子"学生，就是指那些"掌握了知识"而没有形成能力或丧失了通常人都可以形成的能力的学生。

所以，只有教学得法，也即只有好的教学，才能保证学生掌握知识并在此基础上发展能力。

我们把"指导学生掌握知识"作为教学活动的典型特质，就是说，在教学范畴内，学生所有的发展：知识掌握、能力形成及思想品德形成等等，都是基于"知识"而发生、展开与深化的。同时，我们必须强调，学生在教师指导下"掌握知识"的过程，并不是可以把知识视作理所当然的定律、不可质疑的真理，不管理解与否都要牢记的结论，简单地从"教师"一方，如搬运物件一样传递给"学生"。

---

① 杨小微、张天宝著：《教学论》，人民教育出版社 2007 年 7 月版，第 137 页。
② [德]赫尔巴特著，李其龙译：《普通教育学·教育学讲授纲要》，浙江教育出版社 2002 年 4 月版，第 223 页。

首先,知识作为人类探索社会、自然与人自身奥秘的成果,的确凝聚了人类千百年来的智慧结晶,这些智慧结晶,随着人类社会发展不仅日益增加,而且这种增加速度正日益加快。从某种意义上说,学校教育就是要解决传承人类日益累积起来的丰富复杂的智慧产品的问题。人们既往的知识观,总是"把知识看成是客观的、普遍的和可靠的,从而也是不需要再怀疑的知识,造成了人们对科学知识的盲目信任乃至迷信,造成了科学主义①的泛滥"②。石中英对这种知识观的批判最深刻,他指出:"所有的知识,不仅是科学知识,在实质上都是'猜测性的知识',都是我们对于某些问题所提出的暂时的回答,都需要在以后的认识活动中不断加以修正和反驳。"③因此,我们在承认知识的相对真理性时,也必须看到,所有凝聚为符号形式的人类精神产品——知识,往往都是在一定条件下、一定时间内、一定空间中获得的,所以,它们的"真理性",往往与一定的条件、时间与空间相联系。离开一定的条件、一定的时间、一定的空间,"真理性"往往不复存在,甚至简直就是一个谬误。这正是后现代主义哲学家们诟病"知识的客观性"的基本原因。知识真理性总是相对的。从自然科学到社会科学,到人文科学,不同领域的知识的相对性、主观性不断增强。这就决定了现代教学不能是一个简单的"知识搬运"的过程,而必须是教学参与者的教师与学生加入的知识意义重建的过程。所以,"教师的职责现在已经越来越少地传递知识,而越来越多地激励思考;除了他的正式职能以外,他越来越成为一位顾问,一位交换意见的参与者,一位帮助发现矛盾论点而不是拿出现成真理的人。他必须集中更多的时间和精力去从事那些有效果的和有创造性的活动:互相影响、讨论、激励、了解、鼓舞"④。

其次,无论是现代知识累计起来的总量,还是现代知识正以越来越快的速度剧增,都使得学校教育必须面对一个日益严峻的挑战。现代研究证明:"在这个'20世纪的后半期',知识正以惊人的速度向前跃进。变化正在无限地加速,正像人类的知识和科学工作者的人数迅速增加一样(整个人类历史上90%以上的科学家与发明家都生活在我们这个时代),与此同时,研究与革新也正在制度化。同样值得注意的是,科学发

---

① 科学主义,一种主张以自然科学技术为整个哲学基础,并确信它能解决一切问题的哲学观点。盛行于现代西方。它把自然科学奉为哲学标准,自觉或不自觉地把自然科学的方法论和研究成果简单地推论到社会生活中来。——引者注
② 石中英著:《知识转型与教育改革》,教育科学出版社2001年5月版,第68页。
③ 同上书,第72页。
④ 联合国教科文组织国际教育发展委员会编著,华东师范大学比较教育研究所译:《学会生存——教育世界的今天和明天》,教育科学出版社1996年6月版,第108页。

现与大规模地应用这种发现之间的时间间距也正在逐渐缩短。"[①]由此，联合国教科文组织专家一致同意："教育应该较少地致力于传递和储存知识（尽管我们要留心，不要过于夸大这一点），而应该更努力寻求获得知识的方法（学会如何学习）。"[②]也就是说，面临新的、时代的挑战，学校教育开始从关注知识传授，更多地转向关注学生学习兴趣培养、学习方法掌握、学习技能获得上来，一句话，更加关注学生"学会学习"的问题。但是，正如联合国教科文组织专家提醒的那样，我们不能因为强调"学会学习"，而忽视知识传递。要知道，离开知识，学会学习必然是一张永远无法兑现的"空头支票"。

再次，当代学习心理学研究表明，儿童学习是一个复杂的过程。瑞士心理学家让·皮亚杰认为，儿童认知发展要满足四个必要条件：成熟、物理环境、社会环境及具有自我调节作用的平衡过程。他认为："只有在学习者仔细思考时才会导致有意义学习。""决定学习的因素，既不是外部因素（如来自物理环境和社会环境的刺激），也不是内部因素（如个体生理成熟），而是个体与环境的交互作用。"[③]根据皮亚杰这一观点，任何没有学生心智参与的"教学"，都不可能产生真正意义的"有意义学习"。

著名美国心理学家、教育学家布鲁纳（Jerome S. Bruner）也认为："教学活动如何进行，取决于学生的认知发展水平和已有的知识，即取决于学生的认知结构。如果学生已具有这方面的动作经验，教学可以从唤起学生视觉印象开始；如果学生已具备动作表征和肖像表征的经验，那么就可以直接从形成符号表征入手。但从认识某一事物的整体上来看，学生必须具有这几方面的经验。"[④]另一位美国心理学家奥苏贝尔（David P. Ausubel）从区分有意义学习与机械学习的角度，提出学习的同化理论，他认为："学生能否习得新信息，主要取决于他们认知结构中已有的有关概念；意义学习是通过新信息与学生认知结构中已有的有关概念的相互作用才得以发生的；由于这种相互作用的结果，导致了新旧知识的意义的同化。"[⑤]

正是在这一意义上，有学者透过围绕知识教学中师生活动这一表层现象，更深刻地揭示教学活动的内涵，认为教学就是"以师生之间、生生之间的多向互动、动态生成

[①] 联合国教科文组织国际教育发展委员会编著，华东师范大学比较教育研究所译：《学会生存——教育世界的今天和明天》，教育科学出版社 1996 年 6 月版，第 117 页。
[②] 同上书，第 12 页。
[③] 施良方著：《学习理论——学习心理的理论与原理》，人民教育出版社 1994 年 5 月版，第 190 页。
[④] 同上书，第 224 页。
[⑤] 同上书，第 245 页。

这一基本方式,教师引导学生实现个人的经验世界与社会的精神文化世界的沟通和富有创造性地转换,逐渐完成个人精神世界对社会共有精神财富具有个性化和创生性占有的过程"①。教师引导学生互动的效果如何,学生原有经验水平、认知结构与参与的主动性如何,都会直接影响教学的效果,即最终影响学生的实质性发展。

二、教学的形态

教学是教师发起、维持与促进的所有学生的学习活动。

教学作为学校教育最基本、最常见的一种活动,是学校工作的核心,是教师工作的基本形式。教学质量高低,是一个教师教学水平高低最直接、最有代表性的表现。因此,任何一个有志于做好自己工作的教师,都必须具备扎实的知识素养、教学技能与教学技巧。

教学活动,首先必须是由教师发起的活动。任何一个教师被动参与的活动,不可能是教学活动。学校教育中,的确存在着没有教师发起的学生活动。但是,如果这项活动是学生发起的,没有教师"引导",那么,这项活动只能是学生的"自治活动",而不是"教学活动"。杜威有一句名言,可算是对这一问题的经典注解。他认为,教之于学,犹如买之于卖。没有买,无所谓卖;反过来,没有卖,也无所谓买。没有教,无所谓学;没有学,也无所谓教。所以,没有教师发起的学生学习,从本质上说,就不是"教学",而是学生的自学。所以,有人提出"先学后教",充其量不过是"关注学生"、"关注学生主动发展"的一种通俗的说法而已,事实上,教与学永远没有"先"与"后"的关系。教学作为一项活动,虽然可以从理论上对其作出"教"与"学"的区分,但实践中"教"与"学"总是相互锁定、互为前提、互为因果的。两者在动态中相互影响、相互规定。当"学"可以摆脱"教"的时候,那就将是课堂大乱、烽烟四起的时候。何谈学习?何谈发展?当"教"到得意忘形、不顾学生感受的时候,难免不让学生如坠云雾,无所适从。由"教"而"学",因"学"而"教","教"与"学"才能相得益彰,课堂教学才会勃发旺盛的生命活力。

由教师发起的学生学习活动,能否如教师愿望,照着"事先计划"的路径实现教学目标、完成教学任务,还有赖于教师的"维持"。这是因为,学生作为一个行为相对独立的个体,他不但有自己的知识水平、认知习惯,而且有自己的情感体验、情绪反应与生理机能的制约。在参与教学活动时,总难以始终与教师活动保持一致。尤其是现代教

---

① 杨小微主编:《教育学基础》,华东师范大学出版社 2010 年 6 月版,第 192 页。

育,总以"班级授课制"为基本形式,一个教师面对几十位(一般至少也十几位,少数情况也有几位)学生,教师组织这些学生,围绕着教学资料,共同努力,以达到教学目标规定的新境界。这样一个团体活动,要保证事先确立的"目标"可以顺利达成,或基本实现,这一活动就必须"有组织"才能得其所愿。显然,这一活动的组织者首先必须是教师。所谓"组织",实际就是调节活动团体中的各种关系,"维持"活动,保证活动处于动态平衡之中。没有教师的"维持",即便有效开始的教学活动,很可能也会无果而终,不了了之。

此外,教学不是有了教师维持就能达到目的的。因为,教学是教育的基本形态,而教育的基本特征就是"有意识地以影响人的身心发展为直接目的的社会活动"。这一活动何时开始、以何种方式开始,在不同的活动方式之间如何有效转合等等,显然,不同的安排收到的教育效果就不一样,有时差别极大,甚至完全相反。那么,作为人为的"教学活动",主持这一活动的人自然会追求这一活动尽可能完美地实现"自己的目的"。这在客观上就要求教师在"维持"一般的教学活动得以正常进行之后,还要追求这一活动的最佳效果。当代世界发展,要求学生不仅要通过教学学习知识,养成技能习惯与培养良好情感,培育健康个性,而且还要求教学活动能够促成学生同时达到学会学习的境界。这就要求教师在教学活动过程中,能够利用一切可以利用的资源力量促进学生自主学习。

三、教学三要素及其关系

在第一章,我们讨论了教育的三要素,讨论了教育的三要素之间的关系。我们知道,早在两百多年前,赫尔巴特在《教育学讲授纲要》中,就将教育分为三个相对独立又密切相关的部分:管理、教学与训育。整部《教育学讲授纲要》,基本就是按照这三个方面展开论述的。那么,作为"教育"的下位概念"教学",其三个构成要素也就不难理解,即教师、教学资料与学生。

既然承认教师、学生与教学资料是教学的三个构成要素,就应该看到,教学一刻也不能离开其中任何一个要素。否则,其必不能称为"教学"的要素。但是,在教学活动过程中,教师与学生的关系、教师与教学资料的关系、学生与教学资料的关系,这三对关系孰轻孰重,情况往往非常复杂。这主要是因为支撑这一教学活动的"教学目的"非常复杂引起的。说"教学目的"复杂,一点也不过分。教师的"教学目的"与学生的"教学目的"就是两个不同主体秉持的"目的"。一般来说,两者目的越是一致,教学活动达

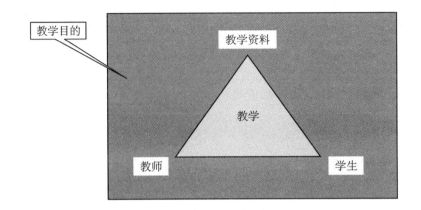

到"目的"的可能性越大,所谓"质量越好"。但是,事实没有那么简单。教师的"教学目的"与学生的"教学目的"之间往往存在差距,则更是普遍的现象。教师是成人,更具有理性,思考的更多的是长远的、社会的、理性的"教学目的",学生是青少年儿童,想的更多的是眼前的、自己的、感性的"教学目的"。显然,这之间存在差距就不足为奇了。两者的"教学目的"差距越大,一般而言,教学活动要达到"教学目的"的困难就越大。如果两者的目的完全冲突,有可能造成教学活动的完全失效。

此外,教学活动既有可以冠冕堂皇表达出来的"教学目的",不妨称之为"显性的教学目的"。也还有教师学生双方都没有,或都不愿公之于众的"教学目的",可以称之为"隐形的教学目的"。"隐形的教学目的"虽然没有明确地表达出来,但是,它可能非常真实地存在着,同样在教学活动过程中发挥作用,有时还会发挥决定性作用。

还有,班级教学中,学生群体较大,学生之间各自怀抱的"教学目的"也不尽相同,有时还会产生冲突,这就增加了"教学目的"复杂性的程度。最后,不管是谁的,也不管是什么样的"教学目的",都不会是一成不变的。"好的"变成"坏的",或者相反;"一致的"变成"不一致的",或者相反,都有可能。

这样复杂的"教学目的",必然带来"教学"的复杂化。所以,我们设定的"知识中心的教学"、"学生中心的教学"或者"教师中心的教学"等等,面对上面分析出来的复杂性,都只是一种理论叙述的方便,或者说是对复杂问题的简单化处理。当然,这种简单化理论处理,对人们认识复杂的教学活动也具有一定的意义。只是我们不要天真地相信,学校教学中,就真的稳定地存在着一种"……中心"的教学。

但是,理论家通过对社会现实与发展趋势的分析判断,总会规划出社会对"新人"的需求,并据此提倡一种形式的教学,却是中外教育史上屡见不鲜的事实。教师作为社会责任的承担者,根据社会"培养新人"的要求,主动采取某一种倾向的教学,也是非常普遍的事实。

当我们深入教学活动内部,仔细考量教学活动中两个"人"的要素时,我们发现,师生之间的关系既有实然的一面,也的确存在着不同时代、不同国度的"应然"要求的一面。

第二节 教学设计

教学设计作为一个概念,在不同的学科中具有不同的内涵。

在教育心理学中,它坚信"教学是以某种系统的方式设计的。尽管教师要随时作出决定,但他还是要遵循课时计划"。它有五个"假设":第一,教学设计的目的在于帮助个体学习。第二,教学设计有许多阶段,阶段既有即时的,也有长期的。第三,系统设计的教学能极大地影响个人的发展。第四,教学设计应该以系统的方式进行。最后,教学设计必须基于人们如何学习的知识。[①]

在教育技术学中,教学设计是一种以认知学习论、知识分类教学论、传播理论等为基础的,旨在促进教学活动程序化、精确化和合理化的现代教学技术。[②]

教学论中,对教学设计有很多不同的观点,但一般认为,"教学设计就是指教师为达成一定教学目标,对教学活动进行的系统规划、安排与决策"[③]。

在这里,我们结合上述各学科研究有关"教学设计"的论述,提出以下观点,即教学设计是教师根据教学目标与学生学习状况,并结合教学内容的分析,对教学活动作出的系统规划,是对教学过程作出的一般性预先安排。教学设计有不同的层级,有一学期的教学设计,也有一个单元的教学设计,还有一节课的教学设计。下面我们主要讨论一节课的教学设计。因学科课程与活动课程差异较大,我们分别进行讨论。

一、学科课程的教学设计

下面,我们引用叶澜教授主持的"新基础教育实验"学校之一上海市闵行区第四中

[①] [美]R·M·加涅等著,皮连生等译:《教学设计原理》,华东师范大学出版社1999年11月版,第4—6页。
[②] 鲍嵘:《教学设计的理性及其限制》,载《教育评论》,1998年第3期。
[③] 李定仁、徐继存著:《教学论研究二十年(1979—1999)》,人民教育出版社2001年12月版,第234页。

学,经过四年"新基础教育实验"之后,在专家指导下摸索创造出的课堂教学设计。根据这一设计,分析教学设计的基本思路。

"新基础教育"推广性研究[①]

教学设计(2004 年 3 月)

_____月_____日 星期_____

课题			教时安排	
教学目标设计	基础目标			
	发展性目标			
目标制定依据	学生状态分析: ① 研究学生本课的知识准备 ② 研究学生本课学习困难			
	教材分析: ① 研究本课对学生而言独特的发展价值 ② 重视知识点的结构化			
教学准备	课堂可能发生的情况的预测及对策(不可能穷尽但要思考)			
	课件选择与制作(依据需要自定)			
	其他			
教学过程的设计(对教学过程的环节,可根据教时与实际需要灵活调整)	教师活动	学生活动	设计意图	时间估算
反思与重建				

说明:
(1) 教师可以根据教时和课堂教学需要,灵活地调整教学活动设计,体现教学设计的弹性;
(2) 教师活动与学生活动的设计要相对应,设计意图要综合说明,
(3) 教师以"新基础教育"推广性实验中期评估方案中关于课堂教学的三个评价表为指导,自主开展弹性化教案的综合设计。

[①] 赵双成等:《我校"教学设计表"的三次变革》,载吴亚萍等主编:《"新基础教育"发展性研究专题论文·案例集(下)——教师发展·学科教学》,中国轻工业出版社 2004 年 5 月版,第 78、79 页。引用时略有改动。

首先,教学目标设计中,区分"基础性目标"与"发展性目标"。这是因为,现代班级教学学生较多,由于各种原因,在同一个班级学习的学生,在面临新的学习任务的时候,其准备状态并不一样,甚至差别很大。教师要充分意识到学生间的这种差别,并在教学目标设计上体现出来,尽可能因材施教。

其次,这种"教学设计"增加了"目标制定依据",即一般教学设计没有的"学生状态分析"。这是因为,在设计者看来,教学目标的确立、分解,其依据并不只是"知识(教学内容)",也不应该只是依据教师自己特长,而应该综合各种因素,尤其要根据学生学情作出安排。学情,是设计的重要依据之一。这体现了设计者追求的把"教学"作为一个整体设计的思想。

在"教学准备"部分,提出"课堂可能发生的情况的预测及对策(不可能穷尽但要思考)"。这体现出设计者不把"设计"当作金科玉律,而是对即将发生、展开的教学活动可能出现的"意外",事先就已有充分的思想准备。他们认识到,课堂教学中如果发生教师"意外"的事件,教师不仅不要大惊小怪,竭力回避,而且应视为正常的课堂教学现象。教师虽然要认真应对,但应对得当,也有可能收到很好的教育效果。

上述这个教学设计最为新颖的地方,是把"教师活动"与"学生活动"紧密结合起来设计,体现出"新基础教育"一贯坚持的"师生双方是在交互作用中形成相互规定,由相互规定构成有机的行为整体"[①]。而且,"教学作为整体,学生在教学中的角色,不仅是学习活动的承担者,而且是教师教学过程中的合作者,是与教师一起组成的教学活动的承担者,是教学活动展开的推动者和创生者"。"教学中学生的角色与任务的改变同教师角色与任务的改变是互为前提和互为因果的。"[②]因"教"而"学",因"学"而"教","教"与"学"相互锁定,教师与学生共同完成教学任务。

二、活动课程的教学设计

活动课程,又叫"经验课程"、"生活课程"或"儿童中心课程"。因为这类课程更关心知识统整与学生经验的利用与生成,与学科课程有较大区别。这样,活动课程,或者一些学科课程中的"活动"设计,与一般学科课程设计就存在较大差异。这是因为,这类设计往往围绕一个活动主题,全体师生不但要动脑、动口,还且还

---

① 叶澜著:《"新基础教育"论——关于当代中国学校变革的探究与认识》,教育科学出版社 2006 年 9 月版,第 269 页。
② 同上书,第 271 页。

要动手。此外，由于活动课程强调与社会生活的联系，与儿童经验的联系，活动所涉及的书籍、工具较多，且比较复杂；活动场地也与学科课程局限于教室不同，常常要到室外，甚至校外，走进社区与大自然；围绕活动任务，学生还会分成很多分任务小组，小组之间，小组内部成员之间都有任务分配、角色分担问题，因而，设计起来比较复杂。

现在中小学实施的综合实践活动，学科课程内部的综合性学习活动，或者如体育课这样比较特殊的课程，都有大量活动设计。以下是活动课程设计的基本格式。

活动课题				活动时间安排		
总目标			具体目标	具体目标1		
				具体目标2		
目标制定依据	学生状态分析： ① 学生进行本次活动的知识、经验准备 ② 学生进行本次活动的困难					
	活动分析： ① 本次活动对学生而言独特的发展价值 ② 本次活动安全评估					
活动准备	活动小组划分与任务分配			第一组	第二组	第三组	……
				任务1	任务2	任务3	……
	活动可能发生的情况预测及对策（不可能穷尽但要思考）					
	活动需要的工具与资料					
	活动地点安全考察					
活动过程设计（对活动过程环节，可根据实际需要灵活调整）	教师活动	学生（或小组）活动			设计意图	时间估算
		第一组	第二组	第三组	……		
反思与重建						

三、设计与教学

把教学比成作战,显然不是一个好的比喻。但是,在预先制定"教学设计(方案)",课堂教学中实施"教学设计(方案)"这样的过程中,学校"教学"与军事活动中的"作战"的确存在很大的相似性。

我们很难设想一个不制定作战方案而将部队投入战斗的指挥员,除非作战环境完全剥夺了他制定作战方案的时间。同理,现代学校教学也要求教师在教学之前对自己的教学活动作出仔细、系统的规划。但是,制定教学设计是一回事,运用好这一设计又是另外一回事。合理的教学设计,是高质量课堂教学的基础,但不同的教师,甚至同一位教师在不同的场合、面临不同的任务,教学设计是可以有所区别的。

新入职的教师,一般而言,教学方案设计详尽一些是很有必要的。这些教师的教学设计,对教学过程中某些基本环节都要仔细考虑,周密安排。有些地方,甚至需要作出几套预案。因为,正如第五章第二节我们讨论的,刚入职1—3年的教师,尚处于休伯曼所谓的职业"求生和发现期",教学技能不熟,教学经验缺乏,课前多做些准备,有利于他们临场活动成功。教龄4—6年的教师,专业技能虽然逐渐增强,处理日常教学问题也会顺利很多,但毕竟尚处于"新手"向"熟练者"转变阶段,仍需要对教学过程作较为详尽的设计。教龄7年以上教师,专业经验已经非常丰富,专业基本功开始成熟,教学设计一般不必再拘泥常规等细枝末节,不必拘泥于具体形式上,应将精力更多放在一些专题研究上,放在专业发展瓶颈突破上。

但是,毫无疑问,不管哪一种类型的教学设计,都是对即将开展的教学活动的预先设计,"新手"教师经验不足,预测失误会多一些。"熟练"教师或"专家型"教师,经验丰富,预测更加准确一些。但是,不管如何,从本质上说,教学设计都是一种"预测"。况且,教学活动本身,是具有鲜活生命的教师与一群学生围绕教学内容共同完成教学任务,实现教育目标的生命活动过程,这种生命活动本身,也会因为生命运动的复杂性,出现即时性、情境性变化,都会造成教学设计与"事实上"发生的教学活动不一致情况。这不是什么"不正常"现象,更不是教师"无能"造成的现象,而是十分正常的现象。教学活动,既需要事先"预设",也应该尊重情境性的"生成"。当"预设"与"生成"相互为用的时候,课堂教学也许会迸发出耀眼的生命活力。

相反,那种因为有了"事先设计"的教学方案,就坚持教学过程必须按照方案设计的路径发展,不可越雷池半步,恰恰有可能扼杀了课堂教学的生命活力,让本应生动活泼的课堂沦为木偶一样的戏剧表演。

第三节 课堂教学的一般过程

课堂教学过程,也有学科课程的课堂教学过程与活动过程的教学过程区分,我们在此只讨论学科课程的课堂教学过程。这是因为,学科课堂教学还是学校教学的基本形态。

对教学过程探讨,自古有之,但以赫尔巴特建立教学过程理论为标志,教学过程理论才成为科学的理论。赫尔巴特明确以"实践哲学(伦理学)和心理学为基础",认为"前者说明教育的目的;后者说明教育的途径、手段与障碍"[①]。

一、赫尔巴特教学过程理论

赫尔巴特以学生的可塑性为教育教学的逻辑起点,以兴趣的多方面性为前提,以德育作为教育的最高目的,关注人的主动性培养。赫尔巴特提出"观念"、"观念团"概念,提出由"观念团"吸收新观念的过程——"统觉"的概念。在此基础上,他提出了教学过程的四阶段理论[②]。

教学阶段	明 了	联 想	系 统	方 法
掌握知识环节	钻 研		理 解	
观念活动状态	静 态	动 态	静 态	动 态
兴趣阶段	注 意	期 待	探 求	行 动
教学方法	叙 述	分 析	综 合	应 用

简单地说,赫尔巴特认为教学分四个阶段。从头至尾分别是明了、联想、系统和方法。在教学开始的第一阶段,学生的观念活动尚处于静态,为能很好地学习并掌握知识,这时,学生必须集中注意,认真听教师讲解。而教师这时主要的教学行为就是叙述。教师叙述,最要紧的是简洁、明了。完成新知识教学之后,教学就发展到下一阶段,即联想阶段。赫尔巴特认为,这时,学生需要将新学到的知识与自己头脑中原有的旧知识建立起联系,学生的观念活动已处于动态,学生要注意思考,把自己头脑中原有

---

① [德]赫尔巴特著,李其龙译:《普通教育学·教育学讲授纲要》,浙江教育出版社2002年4月版,第207页。
② 王天一等编著:《外国教育史》,北京师范大学出版社1993年12月版,第328页。

的与新知识相关的旧知识、旧经验激活起来,与新知识建立内在联系,将新知识纳入头脑中原有的统觉团中。教师在这一阶段,主要运用分析的方法教学,帮助学生在新旧知识之间完成这样的联结。第三阶段就是系统,由第二阶段建立起来的新旧知识之间的联结,常常是偶然的,但找到两者之间的本质联系却是重要的。这就有赖于教学帮助学生将新知识纳入一个整体中,上一阶段的统觉过程现在就完成了。教学过程的最后一阶段是方法(或应用)。赫尔巴特认为,可通过观察每个事实在系统中的地位检查系统。通俗地说,就是帮助学生把系统化了的知识运用于实际。学生观念现在又处于动态。教师要帮助学生通过练习、作业巩固新知识,促进新知识与旧知识整合,促进知识统整,帮助学生形成相应的技能。

赫尔巴特的教学过程理论,后经赫尔巴特学派继承者改造,成为五个形式阶段:预备、提示、联想、概括和应用。简单地说,就是把赫尔巴特四阶段中的第一阶段"明了",分解成"预备"与"提示",更通俗一些,利于传播。

赫尔巴特将教学过程放在整个教育体系中思考,使得教育过程成为科学地实现教育目的的手段与保证。同时由于这一理论的系统、完整,使得它有理由成为那个时代人类认识教学过程的一个无与伦比的高峰。

然而,作为19世纪的教学过程理论,时代局限与理论本身的局限也是非常明显的。首先,赫尔巴特的教育理论是建立在"客观知识"的假设之上,是以知识的真理性作为前提的。这在今天看来,是需要进一步讨论的。此外,本来,"教学的步骤是随学科、单元、学生、教师、教学条件等因素而变化的,只提供一个五段教学法模式毕竟太简单、太机械、太形式化"①。如果这一过程过分忽略学科、单元、学生、教师、教学条件等差异,成为教学生硬执行的程序,的确存在很大的危险。

博伊德和金也给了这种教学过程理论很公允的评价,他们认为:"这种方法并不像赫尔巴特所设想的那样,能够真正解决生活中广泛的兴趣的统一问题。但是它用来让学生获得全部课程中不同学科的知识方面,是成功的,虽然这些学科互不相连。"②

不管后人如何评价赫尔巴特教学过程理论,可以说,现代教学过程的各种理论,尤其是学科教学过程理论,基本是在他的理论基础上改造的产物。以进步主义教育为代

---

① [德]赫尔巴特著,李其龙译:《普通教育学·教育学讲授纲要》,浙江教育出版社2002年4月版,第25页。
② [英]博伊德、金合著,任宝祥、吴元训主译:《西方教育史》,人民教育出版社1985年2月版,第343页。

表的现代教育理论的教学过程观,当然对赫尔巴特教学过程理论产生了巨大冲击,但是这道几度被冲毁的大坝,总是被人顽强地修复起来,改造一番,又显出强大的生命力。现在看来,它们不完全是两军对垒,在进行你死我活的零和博弈,而是逐渐成为相互启发、相互补充、相互促进的"敌友"——以敌人的面貌出现的实际上的朋友。所以日本学者佐藤正夫深刻地指出:"必须扬弃和统一赫尔巴特学说与杜威学说,创造出系统的发展作为'活的知识'(它同探讨、思考、应用各门科学的基本知识的态度与能力结合)的组织化、系统化的教学过程。"①

二、杜威教学过程理论

如果说赫尔巴特是科学教育学的创立者,那么,杜威毫无疑问是现代教育的开创者。

杜威以实用主义哲学为指导,从实用主义与经验主义的立场出发,反对把知识视为不变的真理,反对把教学等同于教授。在实用主义者看来,知识不过是实践的手段与工具,知识的真理性就在于它的有用性。所以,在杜威看来通过传统的教学掌握知识及其体系是没有用处的。教学就是要提供情境帮助,使学生能更好地探究、思考与动手,从而自己在解决问题的过程中获得知识、技能、方法与态度。所以他提出"学校即社会",强调学校教育与社会生活的联系,学校教育与其源头交汇的重大教育意义。他提出"教育即生活",而不仅仅是"生活的准备"。他认为心理不是固定的条件,而是不断成长的过程,所以,他认为"教育的过程就是一个不断改组、不断改造和不断转化的过程"。由此提出,"教育即生长"。

在此前提下,他认为,"教育即指导",但是,这种指导是一种"再指导",因为,"我们不能强加给儿童什么东西,或迫使他们做什么事情。忽视这个事实,就是歪曲和曲解人的本性。考虑被指导的人现有的本能和习惯所作出的贡献,就能经济地和明智地给予指导","除非一个人了解已经在起作用的精力,否则他指导的尝试几乎肯定会失败。"②

根据杜威的一系列相关论述,有人总结出杜威教育过程的基本思想如下:③

---

① [日]佐藤正夫著,钟启泉译:《教学论原理》,人民教育出版社1996年8月版,第216页。
② [美]杜威著,王承绪译:《民主主义与教育》,人民教育出版社2001年5月版,第32页。
③ [日]佐藤正夫著,钟启泉译:《教学论原理》,人民教育出版社1996年8月版,第215页。

(1) 从实际生活经验的情境中形成问题。

(2) 观察、调查问题,认清问题症结所在。

(3) 收集解决问题所需之资料(数据、信息)。

(4) 考虑各种解决方案,加以研究,并作出假设。

(5) 实际应用并验证假设。

不错,杜威在这里提出的主要是"问题解决"一类的活动课的教学过程,事实上,杜威对"讲课是怎样进行的"也作过系统的考察。

1. 第一需要:学生的准备。对学生而言,讲课的第一需要是准备。他认为:"最好的、实际上是唯一的准备,是引起一种对那些需要解释的、意外的、费解的、特殊的事物的知觉作用。"①

2. 教师参与的程度。教师在教学过程中,"既不能展示和解说得太少,以致不能刺激反省思维;也不能展示和解说得太多,而抑制学生的思维","不应该限制学生作出贡献,而是要在急需的时刻,当儿童经验极为有限时,提供必需的材料"②。

3. 让学生说出自己的意见。杜威认为,在这一阶段,教师要力避"东扯西拉"的教学,要"让每个学生透彻说明他的意见的合理性",对自己提出的意见合理性抱着负责的态度。所以教师要给每个学生在思想上消化的时间。

4. 集中注意中心论题或典型事例,防止分心。"教师必须避免向学生罗列大量不分轻重的事实,以致造成学生的精神涣散。"

此外,杜威还认为,教学过程中,要"周期性地坚持和回顾以前获得的知识,以便吸取其基本的意义,总括和掌握住先前讨论中的重点,并使之从枝节性问题和尝试性的、探究性的评论中突出出来"③。"在每一堂课终了的时候,要检查学生已经完成的作业和学到的知识",仅仅是检查复述记忆的教材时才需要检查,这种认识是错误的。检查的重要性应该是:"(a)理解教材上的进步;(b)运用已经学习到的东西,作为一种工具,从事进一步研究和学习的能力;(c)增进作为思维基础的一般习惯和态度,包括好奇心、有条不紊、复习能力、总结、定义、虚心、思想诚实,等等。"④

---

① [美]杜威著,姜文闵译:《我们怎样思维·经验与教育》,人民教育出版社2005年1月版,第219页。
② 同上书,第220页。
③ 同上书,第218页。
④ 同上书,第219页。

虽然,杜威没有像赫尔巴特一样,对教学过程作过严密的规划,事实上,这正是杜威批评赫尔巴特的地方,但是,他不是只关注、只重视"问题解决"的活动课教学过程,他对学科课程教学同样给予重视。他所规划的教学过程,显然是为他的教育目的服务的。这一目的,简单地说就是"民主的社会生活"与"科学的思维方式",这是我们认识杜威教学过程观的核心所在。

三、教学过程理论新认识

教学过程理论在中国有一个逐步发展的过程。《礼记·中庸》第十九章中有"博学之,审问之,慎思之,明辨之,笃行之"这样的话,说的是为学的几个层次,或者说是为学的几个递进阶段,暗含着教学过程的思想。

《礼记·学记》谈到教学时说:"大学始教,皮弁祭菜,示敬道也;宵雅肄三,官其始也;入学鼓箧,孙其业也;夏楚二物,收其威也;未卜禘,不视学,游其志也;时观而弗语,存其心也;幼者听而弗问,学不躐等也。"①这里也隐约可见教学的一般过程。

因我国古代缺乏严密学制,亦无严密的课堂,自然谈不上严格的教学过程。近代以后,学制逐渐严密,又有从日本传入欧洲赫尔巴特教学思想,教学过程的观点开始形成。20世纪初,随着一群留美学生(尤其是胡适、陶行知等杜威学生)归国,加上1919年4月至1927年7月杜威本人在中国东部数省讲学,杜威教育思想在中国教育界产生了极大影响。

1949年后,大陆教育界主要受苏联凯洛夫为首的教育理论左右,苏联教育理论成为政府确定的指导性理论,相应的教学过程观也因此确立。有学者将其总结如下:②

诱导学习动机 ──→ 领会新教材(感知、理解) ──→ 巩固知识 ──→ 运用知识 ──→ 检查

这种教学理论模式,后来在中小学教育实践中,被人们通俗化地解读为:

---

① 译文:大学开学时,穿着祭祀的礼服,备着祭菜祭祀先哲,以示尊师重道。开学之际,学生吟诵《诗经·小雅》之《鹿鸣》、《四牡》、《皇皇者华》等三篇君臣宴乐之诗,用做官劝勉学生;击鼓召集,后开箱箧,取书授读,使学生敬重其学业;同时展示戒尺,责罚犯礼学生,约束其威仪;夏季大祀,祭前必先卜。不去考查学生,让学生有充裕的时间按自己志愿去学习。(学习过程中)教师应先观察而不要事先告诉他们,以便他们用心思考;年长学生请教老师,年少学生注意听,不要插问,因为学习应循序渐进,不能越级。
② 王策三著:《教学论稿》,人民教育出版社1985年6月版,第139页。

组织教学──→复习旧知识──→讲授新知识──→巩固练习──→小结──→布置作业

这就是在我国中小学风行很久至今仍有重要影响的课堂教学过程模式。公允地说,这种教学模式,在知识教学中的确有它的长处,对新手教师更具有相当大的辅助作用。但它以客观主义知识观为基础,以教师讲授为基本特色,对今天培养主动、健康有个性、适应终身学习发展需要,且具有创新意识与能力的新人培养,已经扞格难合了。

叶澜教授从学校教育培养全球化、信息化时代终身学习的新人出发,从培养主动、健康发展的新人出发,把课堂教学视为教师学生的生命历程,提出课堂教学过程要进行结构设计。即将知识按照结构关系进行重组,再将结构化后的以符号为主要载体的书本知识重新"激活",实现"书本知识与人类生活世界沟通;与学生经验世界、成长需要沟通;与发现、发展知识的人和历史沟通",从而完成"由'教书'为本转换到通过教书来'育人'"[①]。在此基础上,在单元教学设计上打破"匀速设计",采用"教学结构"与"运用结构"的"长程两段"设计。在"教学结构"阶段,通过学生从现实问题出发,体验、学习,形成发现结构的步骤与方法意识,通过总结,形成知识结构、方法结构与步骤结构为主,综合解决某一内容的"类结构"模式。然后以加快的速度,运用结构解决同类问题。

正如前面所述,不仅学科课程与活动课程的教育过程存在显著的差异,即使在学科课程内部,不同学科之间的差异也是十分明显的。如理科课程的数学、物理与化学等,与文科课程的语文、历史与地理,就存在明显差别。甚至同是理科课程,数学与物理、化学课的教学过程也有很大区别。但是,我们认为,学校教育的课堂教学过程,的确存在一些共性。虽然,在这样复杂情况下,任何概括都有理论风险,但是,我们还是尝试在吸收前人思想基础上,结合当下学术研究的进展,提出课堂教学过程的一般性见解。

首先,课堂教学都需要关注教学目标,这是课堂教学的起点。教学目标依据教学内容与学生状况以及教育目的制定,它是课堂教学质量判断的基本依据。我们不把教学目标作为教学活动的桎梏,承认并赞赏教学中的生成,但我们反对把教学目标当做花瓶、摆设,当作可以不打算兑现的支票。严格地说,教学的一切活动(包括练习),都

---

① 叶澜著:《"新基础教育"论——关于当代中国学校变革的探究与认识》,教育科学出版社2006年9月版,第257页。

是围绕教学目标并服务于教学目标安排的。其次,根据教学目标,针对教学内容,教师设置的问题或任务,要求学生阅读相关内容,或由教师叙述、演示。学生根据自己的阅读、教师的讲解或演示,尝试解决教师的问题或完成教师的任务。再次,这个时候,学生遇到怀疑、困惑是正常的事情,学生出现质疑或诘问,是教学走向深入的基础。第四,面对学生质疑与诘问,教师不能过早地提供答案,也不能讲得过多或过少。答案给得早,讲得过多,学生的思考就难以深入,学生不但失去了思维锻炼的机会,也不利于学生养成勤思好问的良好学习习惯。所以,接下来最好的一步是组织讨论。让学生在讨论中更深入透彻地理解教学内容,思考问题解决方案,展开相互协作、相互砥砺的学习。第五,在讨论的基础上,教师安排答疑。答疑不是简单的"给答案",而是要分清问题的性质与难易程度,认清学生当时状态,根据具体情况提供合适的帮助。有时,只是指示一个方向;有时,可能帮助组织更多的攻坚力量;有时,可能提供一点诱导、辅助。此外,答疑可以教师答,也可以其他学生答,学生集体答。总之,教师要认识到,问题的形成,就是教育资源的累积,要充分地利用好每一份有价值的课堂资源。最后,要小结,要练习。小结与练习不仅仅是巩固所学的内容,促进知识迁移与技能形成,同时也要通过这一活动形式,培养学生的概括能力、反思习惯,培养学生主动学习的心向。这一课堂教学过程的基本形态,可以简约地以下面的图表示(见图7-1)。在这张图中,我们可以看到,课堂教学过程,不应该是一个简单的线性推进过程,而是在教育目的总体规划下,在教学目标具体引导下,各个环节不断关照、不断循环的过程,在总体向前推进态势下,环节之间根据发展情况,不断往复,形成小的循环。使课堂教学在预设与生成之间、整体与局部之间、教师与学生之间、师生与教学内容之间以及课堂教学与生活世界之间,形成多渠道立体交换的信息流通渠道。课堂教学为促进师生生命成长,尤其是学生生命价值的提升提供了多方面的可能性。

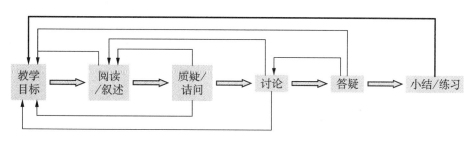

图7-1 课堂教学的一般过程模式

分析与应用

一、从"教学"的内涵与"教学"的形态两个不同的方面认识"教学",对我们理解教学活动有什么意义?

二、如何认识"新基础教育"推广性研究中,部分学校(如闵行第四中学)提出的学科课程教学设计方案的意义?试结合自己任教的学科课程教学设计方案谈谈自己的理解。

三、赫尔巴特"教学过程"设计的科学性体现在哪些方面?今天,我们如何看待这一教学过程设计?

四、课堂教学过程的基本问题是什么?为什么现代教学过程又表现出鲜明的时代特色?

第八章 班级管理与学生发展

前面提到,教育是有目的、有组织、有计划地影响他人身心发展为直接目的的活动。班级,作为学校组织单位和学生在校生活的基本组织形式,具有哪些教育价值?有资料统计,全国中小学约有444万个教学班,450万教师担任班主任工作,班主任工作影响着2.3亿中小学生的成长。

如何认识与理解班级?如何利用班级促进学生发展?对这些问题的回答,将影响班主任如何进行班级建设,也将影响班主任和学生的生存状态。

第一节 班级管理概述

任何组织形式和社会制度,都有其特定功能。班级和班主任制是如何产生的?它要实现的功能是什么?本节在这里做一简要考察。

一、班级与班主任制的由来

班级,是学校为实现一定的教育目的,将年龄相同或相近、文化程度大体相当的学生,按一定人数规模建立起来的教育组织,一个班级通常是由一位或几位学科教师与一群学生共同组成。夸美纽斯在《泛智学校》中,对"班"和"级"的概念作了分述。他认为:"通过把学生按年龄和成绩分成班组,在学校中建立起关于人员的制度。这样划分的班组学校现在统称为'班'。班不外是把成绩相同的学生结合为一个整体,以便更容易地带领学习内容相同、对学习同样勤勉的学生奔向同一目标。""为了将可认识的物质世界,按其广度全部学成,我们安排了七个年级(把学基础阅读的国语学校安排在前)。三个低年级应用来引起外部感觉;同样多的年级用来完善对事物的理解,最后一个年级通过神光的启示,用来提高对上帝的灵感。"[①]

---

① 任钟印选编:《夸美纽斯教育论著选》,人民教育出版社1990年10月版,第246页。

叶澜教授对夸美纽斯的论述分析之后,总结道:"班、级是作为两个相关但不同维度区分的组织方式。'班'是学生在年龄和学习程度上的同质横向集合。'级'是从学习内容广度和学生学习可达到的水平上所作出的纵向排列。'班'是最基础的组织。在一个学校中,同一个班的学生经过七个年级完成全部学习。……学校中每个'班',在同一年中总是属于不同的'级'。"①

现代学校教育以班级授课制为基本模式,班级教学是现代教育最具代表性的一种形态。班级既是学校基本单位,也是学校行政管理的最基层组织。整个学校教育功能的发挥主要是在班级活动中实现的。

今天这种形式的班级,是社会发展到一定阶段的产物。班级的产生和发展,有深刻的社会政治经济与文化原因,它还将随着社会发展的变化而变化。

班级产生之前的教学组织形式是个别教学。古代社会,生产基本处在小农经济和手工业的生产方式之下,人们对大规模教育教学需求不高,生产、生活经验一般通过言传身教、直接模仿等从一代人传给下一代人。尽管中外教育史上很早就出现学校,但这些学校都是以个别教学或松散的集体方式进行的。上课一般也没有统一的教材,没有固定的教学程序和考查校核标准。学生入学有先有后,结业有早有迟,年龄和文化程度也参差不齐,且流动性较大。

教师虽然教十几个甚至几十个学生,但没有统一的教学进度和教学要求,教学主要是通过谈话、问答、讨论和示范等个别方式进行。由此我们可以看出,古代所谓个别教学是人类社会早期自然经济和小生产管理方式在教育上的反映。这种教育方式缺少"班"的属性。

随着社会生产发展和科学技术进步,知识已渗透在社会生活各个领域。因此,社会发展对劳动者基础知识和基本技能等素质方面的要求不断增高。在这种情况下,个别教学不能适应社会对人才的需求。近代资本主义机器大生产和商品经济时代,扩大教学规模,增加教学内容,加快教学速度,提高教学效率,成为时代的呼唤。

被称为"伟大的教师"的亚历山大·赫吉亚斯(Alexander Hegius)于1465—1498年在意大利著名的德文特中学担任校长,据称在此期间,他开创了班级教学的先河。②

---

① 叶澜著:《"新基础教育"论——关于当代中国学校变革的探究与认识》,教育科学出版社2006年9月版,第283页。
② [英]博伊德、金合著,任宝祥、吴元训主译:《西方教育史》,人民教育出版社1985年2月版,第170—172页。

德文特的学生、后来的教育家斯图谟(John Sturm)撰写了一份详细的报告。该报告记录了模仿德文特中学的列日(Liège)学校的班级、年级制度。从中可以看出,当时学校教育中已经初步形成了现代班级制度的雏形。其后,耶稣会办的学校也实行班级教学。人们比较一致地认为捷克教育家夸美纽斯是"班级授课制"的真正奠基者。1632年,夸美纽斯《大教学论》完稿。书中,他对班级教学的实践作了总结和归纳,并对班级教学特点、功能、应用等问题,首次从理论上作了概括性的阐述和论证,从而奠定了班级教学的理论基础。

夸美纽斯在《大教学论》及其他论著中,阐述了相对于个别教育的"小"而言的"大教学"——班级教育形制的基本特征:A. 学年。夸美纽斯第一次确立了"学年"的概念。他把一年分为四个学季,每学季上课放假均有定时;每学年秋季(9月1日)招生,学生同时入学,同时升级,同时毕业。B. 学级。依照感觉论思想,他规定儿童在校度过六年,其学科教学的顺序是语法班、物理班、数学班、伦理学班、辩证法班、修辞学班。这反映了他对学龄儿童心智发展水平的阶段性特点有了较为明确的认识。C. 学班。夸美纽斯在《泛智学校》中说:"分班制度通过把学生按年龄和成绩分成班组,在学校中建立起关于人员的制度。……班不外是把成绩相同的学生结合为一个整体,以便更容易地带领学习内容相同、对学习同样勤勉的学生奔向同一目标。"[1]他建议采用固定教师,在固定时间,向固定班级的学生,用固定教材组织教学。D. 学舍。关于学舍,他也提出了具体要求:"每班有一个教室,以免妨碍其他班次。"[2]

可见,班级授课制特点主要表现在以下方面:首先,班级授课制扩大了教育规模,提高了教学效率,满足了当时社会对人才的规模化要求。其次,根据学生年龄特征和知识水平编班,由一个教师向几十个学生进行授课。这种集体教学形式较之以前手工业式的个别教学,有利于学生系统地学习知识。

班级授课制使学校教育制度化程度显著提高,对发展教育、普及教育发挥了巨大作用。

孟宪承用荀子批评墨子的两句话"有见于齐,而无见于畸",对班级授课制的课堂教学进行了评析。[3] 这个评析是很中肯的:因为它"有见于齐",提高了办学效率。然而,它却"无见于畸",无视或忽视了差异。后一点是班级授课制课堂教学的缺点。一

---

[1] 任钟印选编:《夸美纽斯教育论著选》,人民教育出版社1990年10月版,第245页。
[2] [捷]夸美纽斯著,傅任敢译:《大教学论》,人民教育出版社1984年12月版,第230页。
[3] 孟宪承编:《教育概论》,商务印书馆1933年9月版,第105页。

般来说,几十个学生就有几十个个性,课堂教学这种组织形式不利于照顾学生个性特点,容易忽视学生学习主动性的发挥。①

统一的教学内容、教学方式、教学进程,容易导致教学忽视学生差异,不利于学生的个性发展。

陈桂生教授则进一步分析了班级产生给教育所带来的"教学"与"教育"矛盾问题。② 他认为,自古以来就有"教学"与"教育"(狭义)之分。"教育"原是对学生人格的影响,尤其是道德——价值观念的影响,而"教学"重在传授知识、技能,使学生形成一定社会所要求的教养。学校原是专门的"教学机构",教师的基本职能是教学。只是由于未成年人在学习期间应当形成健全的人格,尤其是道德人格,学校也就应当成为"教育机构"。学校工作中"教学"与"教育"的矛盾由此发生。在古代,课业(教学)本身就带有浓重的教化色彩,不但允许,甚至还提倡对学生进行机械灌输与强制性的行为训练。故并不存在"教学"与"教育"的矛盾。到了现代,由于情况发生很大的变化,"教学"与"教育"的矛盾愈演愈烈。单就学校教育制度与学校状况来说,导致这种矛盾突出的动因是:第一,以日益知识化、科学化的课业取代教化性的课业,拉开了教学与教育的距离,削弱了教学的教育性质。第二,以班级授课制取代个别授课制,拉开了教师与各个学生之间的距离。第三,以专业性的教学取代机械灌输的教学,增加了教师教学工作的难度。第四,以自觉纪律取代强迫纪律,增加了学生行为管理的难度。第五,从"一师多生"状态到"一生多师"状态,削弱了教师的权威。第六,教师负担随着学生数量增加而加重,学生负担随着课业量增加而加重。

上述情况造成学生行为管理与个别指导的"疏松地带",班主任制正是产生于这样的背景之下。

中华人民共和国诞生初期,参照苏联经验,学校建立了"班主任制"。1952年颁发的《小学暂行规程(草案)》及《中学暂行规程(草案)》确定设置班主任。其中规定:小学各班采取教师责任制,各班设班主任一人,并酌设科任教师。中学每班设班主任一人,由校长就各班教员中选聘……负责联系本班各科教员,指导学生的生活和学习。班主任任课时数,根据具体情况较专任教师酌减。

直到1979年,我国才建立起一套班主任制度,规定班主任资格与职责。1988年,

---

① 黄济:《中国近百年教育思想回眸》,载《北京大学教育评论》,2003年第2期。
② 陈桂生:《班主任制》,载《上海教育科研》,2007年第11期。

教育部先后发布《小学班主任工作暂行规定(试行)》与《中学班主任工作暂行规定(试行)》，这是现行班主任工作制度。其中对小学班主任职责规定为：

1.按照《小学德育纲要》，联系本班的实际，进行思想品德教育，着重培养学生良好的道德品质、学习习惯、劳动习惯和文明行为习惯。2.经常与任课教师取得联系，了解学生的学习情况，协同对学生进行学习目的教育，激发学习兴趣，培养刻苦学习的意志，教会学习方法，学好功课，并掌握学生的课业负担量。3.关心学生的身体健康。教育学生坚持体育锻炼，注意保护视力，培养良好的卫生习惯。4.指导班委会和少先队工作。培养团结友爱、积极向上的班集体。做好学生的个别工作。5.指导学生参加劳动实践。关心学生的课余生活，支持并组织学生开展各种有益的课外活动。6.搞好班级的经常性管理工作。对学生进行常规训练，做好学生的品德评定和学籍管理工作。7.经常与家长保持联系，互通情况，取得家长的支持与配合，指导家长正确教育子女，注意争取社会力量教育学生。

关于中学班主任职责规定为：

1.向学生进行思想政治教育和道德教育，保护学生身心健康……2.教育学生努力完成学习任务。会同各科教师教育、帮助学生明确学习目的，端正学习态度，掌握正确的学习方法，提高学习成绩。3.教育、指导学生参加学校规定的各种劳动，协助学校贯彻实施《体育卫生工作条例》，教育学生坚持体育锻炼，养成良好的劳动习惯、生活习惯和卫生习惯。4.关心学生课外生活。指导学生参加各种有益于身心健康的科技、文娱和社会活动。鼓励学生发展正当的兴趣和特长。5.进行班级的日常管理。建立班级常规，指导班委会和本班的团、队工作，培养学生干部，提高学生的自理能力，把班级建设成为奋发向上、团结友爱的集体。6.负责联系和组织科任教师商讨本班的教育工作，互通情况，协调各种活动和课业负担。7.做好本班学生思想品德评定和有关奖惩的工作。8.联系本班学生家长，争取家长和社会有关方面配合，共同做好学生教育工作。

2006年6月，《教育部关于进一步加强中小学班主任工作的意见》提出，"做班主任和授课一样都是中小学的主业"，"中小学班主任工作是学校教育中极其重要的育人工作，既是一门科学，也是一门艺术"。2009年8月，教育部在《中小学班主任工作规定》中强调，"教师担任班主任期间应将班主任工作作为主业"，确认"班主任是中小学日常思想道德教育和学生管理工作的主要实施者，是中小学生健康成长的引领者，班主任要努力成为中小学生的人生导师"。

二、班级性质与功能

班主任对班级都有自己的理解,不同的理解将导致班主任不同的班级管理观念和行为。假如认为班级就是学生学习知识的场所,在现今应试教育背景下,有可能使班级建设成为促使学生提高成绩的手段,学生其他方面的行为可能不被重视,甚至不予理睬、不被允许。假如,认为班级是学生成长的场所,也许会更加注重班级促进学生成长的功能,照顾学生成长的多方面需要。

所以,全面把握和理解班级性质和功能显得十分必要。

对于班级性质,学术界存在不同观点。

第一,社会组织说。即为特定目标而组建的合作形式,是特定的功能性群体演化成的正规社会组织。它具有如下几个方面特征:特定的组织目标,一定数量的固定成员、制度化的组织结构、普遍化的行动规范等等。它由规范、地位、角色、权威四个方面的因素组成。将班级看作社会组织的观点,首先是把班级作为一种社会体系进行分析,认为它承担着独特的社会功能。这种观点认为:"班级不仅是社会化学习为中心的社会关系体系,而且是一种为社会需要、培养未来人才的社会组织。"尽管班级具有一些它自己的特点,但它作为"一种社会组织具有各类社会组织所共同的特点",并具有社会组织通常拥有的组织目标,以及包括职权结构、角色结构和信息沟通结构等在内的组织结构。如美国教育社会学家T·帕森斯的班级理论。他在《作为一种社会体系的班级:它在美国社会中的某些功能》一文中,明确地把中小学班级作为一种社会体系进行分析,并由此出发,对班级的社会化和筛选功能进行分析。在这种观念指导下,注重班级管理功能,把学生当成管理对象,他们更习惯把"班级建设"称为"班级管理"。

第二,初级群体说。沃勒在《教学社会学》中把班级视为一种特殊社会群体;日本学者片冈德雄认为班级是一种群体,在这个群体里:"角色分化在不断变化,相互之间关系带有很浓的相协助的色彩,集体的目标常具有复数的流动性,在达到目标的形式上,不大讲究速度,比较重视是否丰富多彩,是否有独创性。"①这对更好地进行班级建设,在班级中开展教育教学活动,促进学生全面发展,具有十分重要的意义。首先,有助于学生全面发展和健康发展。由于作为一种社会初级群体的班级允许和鼓励青少年学生在互动中全面地投入,并且充分地表现和展示自己,因而,在一定程度上可以使学生多方面的需求得到满足,在各方面得到锻炼。其次,可以更好地发挥学生主体作

---

① 片冈德雄著,贺晓星译:《班级社会学》,北京教育出版社1993年5月版,第72页。

用。作为初级群体的班级在互动方式上具有一种直接的、面对面的特点。这种直接的和面对面的互动也必然使班级中的交往更广泛、更丰富,同时也更多元化。再次,促进教育教学目标的实现。初级群体的规范和特点,无疑可以在一定程度上丰富教师的教学方法和教学手段,并使其合法化。将班级作为一种初级群体,也就为班级中教师的个别化教学提供了必要的互动基础。同时,也为青少年学生的个性发展创造了较好的条件。最后,使班级中各种非正式群体获得比较合理的对待,从而更好地发挥不同学生的特色和优势,增强学生的班级认同和归属感,提高班级凝聚力。①

班级是需要建设的社会群体。不管是初级群体说、特定社会组织说,还是成形群体说,都没有看到班级作为一个"集体"的存在。陈桂生教授就认为:"现在的班级一般都设置班委会并把学生分成小组,有班会活动,也就有了组织形态。不过,并非任何班级学生组织都堪称'班学生集体'。'班学生集体'的标准是:(1)由学生选举产生班级管理机构,并按一定民主程序实行自主管理与监督;(2)形成反映学生公意或得到学生认同的目标,为实现既定目标,在分工基础上合作有序地开展各种有益的活动;(3)形成健康的舆论,遇到什么问题,发生什么事件,按约定的规则处理。"②1988年,我国《中学班主任工作暂行规定》中,规定班主任任务之一就是组织和领导班集体,把班组织建设成为具有崇高的统一目标、坚强的领导核心、正确的舆论、自觉遵守纪律和优良传统的集体。认为,班级有待建设成为满足所有成员发展需求的班集体。班集体是以整个班级为组织单位,以完成学校教育任务为共同目标,有一定组织结构、规章制度的学生共同体,它是班级群体发展的高级形式。有班级的地方,不一定就有班集体。因为一个良好的班集体不是自发形成的,它必须经过精心的组织,耐心的引导,长时间的培养才能形成。③

班级功能。陈桂生教授在考察班级历史的基础上,较为全面地概括了班级功能。近代以来,实行班级授课制,班级作为"教学组织"。以班级为单位的教学法事实上是以"学生群体"为对象,而不是以各个学生为对象。后来,由于课程门类增加,课程日益知识化,出于对学生管理与教育的考虑,遂有班主任的配备,并使班级作为"教育组织"。不过,起初的班级只是学生集合体,即学生群体,而不是"学生集体";到了现代,为适应民主潮流,独立的学生自治组织应运而生。班级学生组织成为学校学生组织的

---

① 谢维和:《班级:社会组织还是初级群体》,载《教育研究》,1998年第11期。
② 陈桂生:《漫话班主任》,载《教书育人》,2006年第16期。
③ 转引自李家成:《论教育学立场下的"班级"》,载《思想·理论·教育》,2003年第10期。

基层单位,在我国还有共青团、少年先锋队在学校和班级中的基层组织。学生组织代表学生利益,发挥自我教育、自我管理与监督的功能。① 这里蕴含着对班级性质与功能的认识,即班级是教学组织,班级是教育组织,班级也是学生自治组织。

毋庸置疑,班级是学生学习知识的教学组织,这是班级最原始、最基本的功能,学习知识是学生社会化的基本途径。班级也是教育组织,班级建设要体现班级所有学生的发展需求,使每位学生获得个性化发展与品德完善。同时,班级也是学生的自治组织,是学生培养公民精神、自主发展的重要场所。

由此,班级管理不是教学的辅助活动,而是学校教育的又一独特领域。课堂教学以学科为载体,通过开发学科教育养成学生独特的学科素养,实现促进学生发展的目的。班级管理以班级中日常生活和主题教育活动为载体,促进班级所有学生发展为旨归,最终呈现个体个性发展与个性化班级实现。课堂教学主体由学科教师和学生共同构成,班级管理以班主任和学生为主体。班级管理需要与教学沟通,但不止于为教学服务的附属地位,是与课堂教学同等重要的两个领域,相互影响、相互渗透。在当代教育改革背景下,形成课堂教学与班级管理合理分化,对整体丰富学校教育内涵、深化学校教育改革、促进学生发展有着积极的意义。②

班级存在形态。有学者从"班级的属性定位"、"班级的发展目标"、"班级成员性质"、"班级中的人际关系"、"班级中的规范与权威"、"班级活动机制"、"学生发展情况"等七个方面分析了班主任对班级的认识不同而带来的班级管理方式的不同,归纳出现实中班级的不同存在形态。③

班主任把班级定位于"管理集体",其工作目标往往是在班级建立严格的规范,保证学习知识所需的课堂秩序。这时的班级成员性质是师生角色较为单一,教师是知识传授者和班级管理者,是社会的代表,学生则是知识接受者和被管理者,师生处于管理者与服从者的关系,学生主要按照老师指令去完成相关的任务。此时,学生发展情况是学生主要限于被动接受管理、被动接受知识。

班主任把班级定位于"学习集体",其工作目标往往是以学科内容为中心,通过教师的指导、学生的主动投入形成集体学习气氛,完成学习任务。此时的师生关系仍从属于知识授受的任务,教师是学习的指导者,注意创造学习氛围,学生是学习主体,逐

---

① 陈桂生:《漫话班主任》,载《教书育人》,2006年第16期。
② 李家成:《论教育学立场下的"班级"》,载《思想•理论•教育》,2003年第10期。
③ 李伟胜:《试析新世纪班级建设的目标》,载《华东师范大学学报》(教育科学版),2004年第3期。

步学会自主学习,通过独立学习和与老师同学交流积极学习。这时的师生关系和生生关系,不仅仅限于认知上的交往,而拓展到人格、意志和民主合作等方面,但后者仍处于从属地位。此时的班主任能够将正式规章制度和人格化的管理方式结合起来,强调让学生理解班级生活规范,将其内化为个人行为标准。班主任最初靠权威管理班级,后依靠其人格力量。这种班级管理下的学生在学习方式上表现出较为主动性并与他人合作的特征。

班主任把班级定位于"团结集体",工作中会强调形成有共同价值、共同目标与任务,并具有凝聚力的高度组织起来的群体。此时的教师作为社会代表者向学生灌输强调社会团结的价值观,并以此为基础统一学生思想,将其组织为具有高度一致性的集体,而学生则是有待通过班级活动而克服个人主义、形成集体主义精神的受教育者,个人存在的价值取决于与集体追求的一致程度。班级价值目标是以社会性为中心,强调学生形成亲社会的、统一的价值观念和行为规范,尤其是具有意识形态色彩的集体主义精神,但学生个性发展普遍被忽视。

班主任把班级定位于"自主集体",要求班干部能自主制订班级活动规划并有效实施,学生能够互相协作共同完成各项任务,从而自主处理班级事务。此时的教师主要是根据学校教育要求和工作计划,指导并督促学生自主安排各项事务,使学生从中发展各种个性和特长,学生则被赋予组织各种活动的自主权,在小队活动、班级活动中充分展现自己的个性特长。班集体建设既是目标又是手段,即强调既为学生创设一个优化的微社会环境,同时也使得集体成员的个性和能力都得到充分发展。这时,班级管理逐步实现学生自治管理,通过活动让学生充分发挥自己的才能,从而找到自己在班集体中满意的角色。

三、当代班级管理问题

班级的产生尽管提高了教学效率,但是却较难顾及学生个性发展需求,因而推动了产生班主任制——学生管理与指导责任制度的产生。由此,我们认为班级管理过程需要处理好以下几个基本问题。

班级管理目标。个体社会化是指个体在特定的社会与文化环境中,逐渐形成与社会一致的社会态度、价值观、信念及人格特征,遵循社会所公认的行为方式,成长为社会的积极成员的过程。班级是根据学校行政管理的需要组织起来的基础群体。因此,班主任和科任教师按照一定社会的要求,以班级为重要单位,通过教学工作和其他各种教育活动,向学生传授社会经验,指点生活目标,教授社会规范,培养社会角色,即完成学生的社会化过程,从而实现学生从"班级人"向"社会人"的转化。所以,班级是学生生成社会价值观的场所,是学生获得社会技能的场所,是学生习得社会规范的场所,也是学生培养社会角色的场所。学生的成长与发展存在着差异性,这种不均衡的发展形成了学生自己的特色和个性。班级组织必须促进学生的个性发展,班级要能够使学生在社会化学习、交往、公益劳动、游戏、社会生活、集体自治等多种活动中形成和发展自己的个性,使学生能够自主学习、自我教育、自我发展。

班级管理主体。有人认为教师是教育主体,学生是教育客体(即教育对象)。因为教师的职能是教育学生,学生的本职就是受教育。问题在于学生是能动的个体,学生的主动发展有赖于学生自己的努力与投入。加之,一个教师面对许多学生,难以从各个学生实际出发展开教育。所以,班级管理的主体应该是教师与学生的共同体。

教师开展班级工作,靠教师说教和督促,不但收效甚微,也十分不利于学生主动发展。教师应推动班级成为学生集体。这样,教师教育的对象,不仅仅是各个学生,同时也是学生集体。教师要关注学生集体的巩固——既把学生集体作为教育对象,又把学生集体作为教育主体,这是乌克兰著名教育家马卡连柯的发现。

班主任在班级中的角色地位有两种不同的选择:一是作为教育者与班级领导者的角色,直接承担对学生教育与管理的职责。二是作为学生集体的组织者与指导者角色,在学生集体形成以前,主要职责是组织班集体。在班级学生集体形成以后,主要通过班学生集体实行学生自我教育、自主管理与监督,班主任只对班集体的巩固予以关注与指导。[①]

班级管理内容。毋庸置疑,学习管理与建设是班级建设的基本内容。知识学习是学生的主要活动,要花费大量时间和精力。班主任做好班级学生学习管理与指导工作,成为学生完成学习任务的一项重要条件。学生的学习思想管理、学习活动管理、学习组织管理、学习目标管理、学习计划管理以及学习质量管理等,都是班主任"学习指导管理"的重要内容。

当代学校教育中,活动也成为学生发展的重要途径。有学者论述道:"人是通过活动并在活动中获得发展的。活动是人发展的现实性因素,各种可能性因素为人的发展提供的是多种可能,但要使可能最终成为现实的发展,只有借助于个体的活动才能实

[①] 陈桂生:《漫话班主任》,载《教书育人》,2006年第16期。

现。""人在活动中形成自己的生存方式。"①因此,班级活动指导与管理也成为班主任工作的重要内容。班级活动是实现学生个性化发展的重要途径。学生个性化发展一般说有两条途径:第一,班级活动是学生个性全面发展的重要条件。学生可以通过参与各种班级活动培养自己的能力,展现自己的个性。第二,个性化的教育活动也是班级实现学生个性化发展功能的重要途径。依据学生身心发展的特征、水平以及差异,通过种种教育活动,形成、发展学生的个性,从而促进健康、活跃的班集体形成。

班级组织建设。班级组织都会根据班级目标和分工建立班级的正式组织机构。班级正式组织是班级内部在班主任的领导下按照一定章程组织起来的学生群体,是为了有效地实现组织的既定目标而明确规定组织成员之间职责范围和相互关系的一种结构。班级正式组织通常指班级委员会、班级团组织、少先队组织等,还包括为开展某项班级活动、完成某一方面的学习任务而组织起来的学生小组。班级正式组织是班级组织的基础,也是班级活动的基础。正式组织的风貌会影响班级组织的健康发展。正式组织所组织的活动是为了满足班级发展目标。正式组织组织得好,可以使班级成员之间相互尊重、信任、支持,在班级内部形成良好的心理氛围和民主作风,使学生全身心地投入到班级活动中,有力地团结全班同学共同前进,共同建设健康向上的班集体。

班级中的非正式组织是指那些没有得到正式认可、缺乏正式形态、结构也比较松散的班级内部的学生组织。它是学生在共同活动中,由具有共同兴趣和爱好,以共同利益和需要为基础而自发形成的学生团体。班级非正式组织源于班级组织中个人属性层面的人际关系,是学生在共同学习与活动中基于需求、能力、特点不同,从个人好恶出发自然形成的。

班级非正式组织在构成上一般人数不多,人际关系上相互吸引力强,并且集体性强和沟通效率高。班级非正式组织对成员的影响具有两面性:积极的一面,是有助于满足学生的交往与自我表现的需要,有助于加强班级成员之间的人际关系。消极的一面则是容易导致班级成员中小圈子现象,容易干扰班级正式活动的开展。班级非正式组织在班级中始终客观存在,它还具有正式群体所难以具备的亲和力。在非正式组织内部,成员之间往往以意气为交往支柱,非正式组织具有一定的感召力和约束力,是影响学生发展不可忽视的小环境。

---

① 杨小微主编:《教育学基础》,华东师范大学出版社 2010 年 8 月版,第 236—237 页。

非正式组织在班级与学校运作过程中,发挥什么作用,既与非正式组织自身性质有关,也与班主任、其他教师与学校如何处理与这些非正式组织关系有关。漠不关心,甚至不分青红皂白指责非正式组织,往往是造成非正式组织与正式组织发生冲突的重要原因。当然,未能及时防微杜渐、因势利导,关心、引导非正式组织,也是不可忽视的另一原因。相反,如果班主任、教师与学校,积极接近非正式组织,了解它们,尊重它们,关心它们,非正式组织也可能会发挥意想不到的积极作用,成为班级工作有力的助手,成为学生发展另一个广阔的舞台。它的教育功能,有时是正式组织不能比拟的。

传统班级管理,只重视班集体中正式组织管理,忽视非正式组织管理,重视正式途径、场合沟通,忽视非正式途径、场合沟通。更有甚者,有些班主任、教师,把正式组织与非正式组织人为对立起来,并把非正式组织一律贬为"小集团"。这种简单粗暴的方法,往往造成十分遗憾的后果。有时,甚至自觉不自觉地把非正式组织中的学生推到学校教育的对立面,铸成难以挽回的大错。

第二节 班级管理

班级建设,有诸多的表述方式,如"班级建设"、"班级管理"、"班级领导"等。班级建设,强调完善班级制度,推动班级发展。班级管理,强调如何统筹班级各种因素,注重高效、有序达到班级目标。班级领导,考虑的核心问题是班级建设应朝什么方向走、怎样建设班级的问题。

本节采用班级管理这一用法。班级离不开管理,赫尔巴特区分了"教育"与"管理",认为把"管理"排除在"真正的教育"之外,但不否认"管理"的必要。"满足于管理本身而不顾及教育,这种管理乃是对心灵的压迫",反之,"不注意儿童不守秩序行为的教育(即忽视儿童行为管理),连儿童也不认为它是教育"。[①]

因此,班级管理要以育人为目的,正确处理好教育与管理的关系。

一、班级管理目标

班级管理目标。班集体最重要的特征在于有明确的发展方向、共同的班级管理目

---

① [德]赫尔巴特著:《普通教育学·教育学讲授纲要》,人民教育出版社1989年12月版,第22—23页。

标和共同的活动。正确的班级管理目标是维系师生为之奋斗的共同纽带,是班集体前进的动力。

首先,班级管理中的任何一个目标,都不纯粹是个人意愿的表现,甚至也不是班级自身能完全决定的。因为从系统论的角度分析,任何组织都是社会大系统中的"子系统",其存在和活动方式不可避免地要受到社会的影响和制约。班级管理目标不能仅仅满足班组织自身发展的需要,还要顾及学校系统乃至整个社会的利益。

美国课程理论专家泰勒对学校应该如何确立教育目标的分析,给我们确立班级管理目标提供了启发和思路。其一,班级教育目标的确立离不开对学习者本身的研究。"教育是一种改变人们行为模式的过程。……教育目标明显代表了教育机构力图使学生产生的种种行为变化。对学习者本身的研究将试图指出教育机构想要学生完成的行为模式的变化。"所以,泰勒指出,"发现学生的现状"和"与公认的常模做比较,以确立差距或需要"是制定教育目标的基本过程。[①] 其二,对当代社会生活的研究也是班级教育目标确立的重要依据。学生发展必须适应社会生活要求,这是学生社会化发展的必然要求。要考虑国家和社会因素对人的发展要求,合理定位班级应具有的社会功能。国家与社会发展累积到一定程度,必然给人的发展提出新要求,也将带来学生发展需求的变化。如何理解和把握学生发展需求,并给班级合理定位,充分发挥班级促进人的发展的作用,是确立班级目标的基本原则。"新基础教育"对班级建设的变革,充分考虑了这一基本原理。叶澜教授在《"新基础教育"论》中分析了当代社会的总体特征及对人的发展的要求,提出"培养主动、健康发展的人"应成为当代学校变革的目标。在此基础上,"新基础教育"理论有了对班级建设的新认识和新定位,阐述了"当代中国班级建设改革的新可能"。李家成认为:"班级建设不仅仅是'管理'的需要,更是'教育'的需要;唤醒学生的生命自觉,培养主动发展之人,是班级建设的核心目标;关注并研究学生的成长需要,改造学生的日常生活,是班级建设的关键;学生生命力的焕发与学生的创造性参与,是班级建设的主要方式。"[②]

其次,班级管理目标的确立要兼顾个人目标和集体目标的统一。集体目标是一定班级全体成员一致认可、共同努力所要达到的成果或结果。一般来说,它主要包括两项基本内容:一是需要达到的社会目标;二是本班及全体成员需要达到的目标。正确

---

① [美]拉尔夫·泰勒著,施良方译:《课程与教学的基本原理》,人民教育出版社1994年1月版,第1—29页。
② 李家成:《让班级充满成长气息:当代中国班级建设改革的新可能》,载《河南教育》,2007年第5期。

处理团体目标这两个方面关系,是做好班级管理工作的基础和保证,它使班级成员的个人目标自然纳入集体的共同目标之中,并督促其为之积极努力。否则,班级成员的行动将无所适从。

个人目标又称个体目标,是班级中的个体活动所要追求的预期结果在主观上的超前反映。构成个人目标结构的基本因素主要有活动的直接结果、直接结果对活动主体的肯定意义和需要的满足三个方面。它对个人行动具有导向功能。个人目标选择标准主要有:价值标准、可能性标准和丰富性标准。个人目标与集体目标相辅相成时,两者彼此促进;相互干扰,甚至冲突时,容易两败俱伤。

再次,注意确立班级管理目标程序的科学性。一要注意分析现状。班级管理目标是指向未来的,但要立足于现实。因此,制定班级建设目标时,必须认真分析现状。一方面要分析以前的工作,总结经验教训,寻找可以作为制定班级建设目标的依据;另一方面,分析班级现有条件,寻求制定班级建设目标的现实基础。二要研究信息。要考虑到三个方面信息:社会对人才的需求信息;现代学生生理需要和心理特征发展变化,尤其是对教学活动的需求信息;教育改革的信息。这些都是作出目标决策过程必不可少的依据。三要调查学生意愿。只有组织的目标同学生自己设想的目标相一致,反映了学生的共同愿望,学生才会合作、配合。所以,目标制定之前,要多方面听取学生意见。目标制定的最终方案公布之后,必须利用各种有效形式宣传班级建设目标,只有当目标在合理的基础上达到了合情的程度,才可以激发起各个成员的积极性和自觉性。

第四,班级管理目标应该注重层次性。班级管理目标主要由目标方针、目标项和目标值三个方面构成。目标方针是整个班级管理活动的指针,是对目标的高度凝炼和综括,它规定了班级在一定时期内总的发展方向、规模、速度、质量和水平,贯穿于班级建设过程的始终并对其成败具有全局性的重大影响。确定目标方针,要着眼于班级的长远发展。班级管理的目标项目较为详尽地规定了班级组织为贯彻与实施目标方针在各个重要方面应达到的主要指标、管理水平和基本要求,是目标方针的具体展开。班级管理目标的目标值主要是用来具体表示各个管理项目应达到的标准、水平和程度,是考评班级建设管理目标成果的基本依据。它主要分为定性目标和定量目标两种类型。定性目标是指那些不能用数字表示的目标,它是从基本性质上说明班集体发展和奋斗的目标、方向和要求,其特点是侧重于质的阐述。定量目标是指那些能够用数字表示的目标,它是用数量化的指标体系或引用某些数学模型来表述组织的目标,其特点是侧重于量的描述。

最后，形成班级管理计划。班主任工作计划于开学初制定，其根据是学校教育教学工作计划和本班实际情况。计划分学期工作计划和具体执行计划。前者的内容是：简明分析形势要求和本班学生的发展情况，提出学期教育任务，列出具体执行计划。后者可按月制定，也可按活动制定，其内容包括目的要求、工作内容、方式、完成期限、分工等。两种计划都要做到目的明确、内容具体、切实可行。计划制定后，要在班上报告，作为全班学生共同努力的方向。

二、班级管理内容

班级管理内容，学术界有着不同的观点。有学者把班级管理内容分为德育管理、智育管理、体育管理、课外活动管理和心理辅导等。也有学者认为班级管理内容包括班级学习管理、家长工作管理、班会活动管理、团队管理、文体活动管理等等。也有学者把班级管理内容分为"班集体建设"、"班级日常管理"、"班级文化管理"、"班级活动管理"、"班级教育力量协调"、"班级危机管理"等。班主任不应仅仅是这些内容的操作者和执行者，同时更应是根据班级学生发展需要成为班级管理内容的生成者和创新者。班级学生发展需要不同，班级管理内容也应有不同，班主任应该根据学生发展需要生成不同的班级管理内容。

学校不是工厂，而是力图实现学生生命价值提升的养育所，也是教师生命展现精彩的园地。不管确立哪些作为班级管理内容，基本思维都应一致，即要分析该内容对学生发展的意义，以及如何有效实施该项内容。本节着重从以下几个方面阐述。

德育指导。学校德育是教育者根据一定时代、一定社会道德要求和受教育者品德形成发展规律和需要，有目的、有计划、有组织、有系统地对受教育者施加社会思想道德影响，以使其形成教育者所期望的品德的活动。

作为班主任，首先需要挖掘道德对学生发展的意义。"道德行为具有促进个人和社会利益发展的倾向，具有弘扬自己的人性、实现人的价值，使人不断发展、完善的功用；道德规范具有协调个人与群体关系，使个人和社会的生活成为可能的职能；道德意识则具有帮助人们认识自我与人生，确立人生的目的和意义的效力。道德对人来说起着不可替代的行为指南的作用，它使人能够在社会生活中有效地识别方向和确定人在世界中的地位，它唤醒并引导着作为历史主体的人的社会历史积极性，它通过目标、准则、禁令、评价、理想的体系调整人们的行为。"所以，"道德是使人超越于动物之上并使人真正成为人,真正占有自己本质的一种重要的社会形式"。①"没有道德,人类不可能达到它的目的,道德是一个绝对必要的条件。"②德育的实质是指导学生正确处理其与自然、社会、国家、他人、自我等的关系,帮助其树立正确的世界观、人生观和价值观,最终形成学生正确的生活方式。每一社会都倡导特定的伦理价值观,这构成了德育指导的重要内容。

学习指导。智育是中小学教育的重要内容,因此,班主任对学生进行学习指导也是其重要内容。

首先,配合并支持学科教师搞好学科教学。学科教学是学生掌握科学文化知识、培养多方面能力的主要渠道,但不是唯一渠道,班主任要支持和协助其他科任教师上好每一门课,使学生得到全面和谐的发展。在这方面班主任可以从以下几方面入手:(1)同科任教师保持密切联系,定期与科任教师沟通,了解全班同学各门学科学习情况,有针对性地做好全班同学,特别是个别学生的工作;(2)自习时间安排、学习专栏内容、手抄报栏目都要兼顾各学科学习要求和需要,不可厚此薄彼;(3)利用晨会、主题班会、团队会的形式,强化课堂纪律,保证本班各科教学井然有序。

其次,加强学生学习习惯的培养和学习方法的指导。帮助制订学生学习规范,从预习、听课、作业、复习、小结等方面提出基本要求。学习方法方面,要强化学生自学能力培养。班主任可以开展一些学习方法指导讲座,开展学习经验交流。通过主题班会、团队会,让学习能力强、学习成绩优异的学生谈体会、传经验、讲窍门,激发学生的学习热情,促进学生学会学习。

最后,组织课外活动。组织与学科相应的兴趣小组活动,利用课余时间,通过多种形式活动,拓展学生的知识面,巩固课堂所学知识,形成多方面技能,培养各种能力。常见途径有以下几种:(1)开展课外阅读。阅读可以培养学生对某一领域知识的浓厚兴趣、强烈的探究欲。(2)知识竞赛活动。开展诸如中国近代史知识竞赛、口头作文比赛、演讲比赛、百科知识比赛、书法比赛、自然科学常识竞赛等活动,有助于学生加深理解课堂知识,训练学生多方面技能。(3)科技小制作等活动。给学生提供动手、动脑与运用知识的机会。

班集体建设。建设好班集体,是班主任的一项重要工作,也是班主任最基本的任

---

① 陈金华著:《伦理学与现实生活:应用伦理学引论》,复旦大学出版社 2006 年 11 月版,第 5 页。
② [美]弗兰克·梯利著,何意译:《伦理学概论》,中国人民大学出版社 1987 年 4 月版,第 183 页。

务。班集体的形成涉及集体目标的确定、学生干部的培养、人际关系的建立、班级活动的开展、行为规范的内化、正确舆论的形成等问题。

班集体建设,首先要确立班集体共同发展目标。为班级决策提供重要的参考依据,为班级发展指明方向。适切的班集体目标,应满足学生健康心理发展需要,激活学生内驱力,增强集体凝聚力。制定目标要让每个学生参与,增强学生参与意识和集体责任感。

其次,建立班集体核心队伍是班级工作顺利开展的保证。优秀班集体必须有一支素质优良、团结协作、富有活力、能独立工作的干部队伍。班级管理建设得好坏,往往与班干部力量的强弱、发挥作用的大小有很大关系。但也要注意,班级本身就是一个教育的形式与园地,不能把班级变成一个等级森严的"科层制社会"。在保持班集体干部队伍工作效率前提下,采取民主推选、评议制度,提倡人员轮岗,使班级岗位在完成管理任务的同时,实现育人的目的。

再次,建立班级常规是班级开展工作的依据。健全的班集体规章制度是建设优良班风的保障,也是实现班级团队目标的客观要求。应加强制度建设,规范班级工作,提高班级工作透明度,引导班集体持续健康发展。公布之后的规章制度,必须人人遵守,提高制度的严肃性。

班级文化。班级文化是班级成员共同创造的群体文化,包括以信念、价值观、习惯、态度为主要内容的班级精神文化;以教室内外环境为主要内容的班级物质文化;以班级组织与规章制度为主要内容的班级制度文化。具有良好文化的班级往往具有正确的价值观和舆论导向,良好的班风和人际关系,积极向上的学风以及整洁、美观的物质环境。

班级目标、班级舆论、班名、班歌、班级口号、班训等是班级文化的灵魂,是一个班级内在气质、个性和精神面貌的反映。所以,班主任应从如下方面打造班级精神文化:第一,发挥榜样力量、充分利用黑板报等宣扬正气和健康的思想,树立正确的价值观念,培育积极的班级舆论。第二,设计班名、班歌、班训等,建立个性化的班级文化。第三,建立和谐的人际关系。

班级物质文化是指班级成员所创造或使用的,能体现班级成员共同价值、信念并为班级成员感官所直接触及的客观存在物,它通过班级标语、黑板报、学习园地、图书角、宣传栏等视觉识别系统来传达班级精神,是班级文化中看得见、摸得着的东西。班主任要对教室进行精心包装,经营一个人性化、温馨的教室环境,让教室里的每面墙、每个角落都蕴含教育内容，富有教育意义。

班级制度文化为学生提供评判行为的标准，使每个学生都在一定的准则规范下自觉地约束自己言行，朝着班级精神文化所指引的方向前进。班主任一般需要根据本班实际情况，带领班级全体成员制定需要共同遵守的制度，如班级公约、班级岗位责任制、班级一日常规、考勤制度、奖惩制度等。

班级活动指导。班级活动是在班主任引导下，为了实现教育目标，促进班级建设，有目的、有计划地举行的各种活动。学科课堂教学注重的是学生的知识学习，学生是处于被动状态，而学生在活动中实现教育与生活、知与行、能力与意志品质的发展协调统一，因此，班级活动具有特殊的教育价值。

经常组织的班级活动有如下几种：班级例会。主要包括一般性班会和晨会等。主要围绕班级运行的常规问题展开。主题班会。主要根据班级学生的年龄和成长中的实际问题，拟订一个大家感兴趣的主题，经过充分准备而实施。团队会活动。文体活动。主体活动主要以丰富学生的课余生活、活跃班级气氛、增进心理交融、增强班级的凝聚力为目的。主要形式有：诗歌朗诵会、音乐晚会、故事会、文娱晚会、理想晚会、庆祝节日的晚会，还有体育竞赛、各种文体兴趣小组活动等。社会实践活动。这是学生接触社会、观察了解社会、增长知识、增长才干的有效途径。主要途径有参观访问、社会调查和社区服务。社会实践活动有助于培养学生的社会责任感和义务感。

班级管理的内容很多，其他还有体育活动指导、学生心理指导等等。总之，班级管理内容的设计都是围绕着学生的阶段性发展需要而展开的。

三、班级管理境界

班级管理内容很多，但班主任工作都是围绕学生发展进行的。教育实践中，每个班主任的管理内容和管理方式却有很大不同，存在多层境界。有人将班级管理境界分为人治、法治和文化三重境界。①

第一重境界——人治的管理。

班主任在班级管理上事必躬亲，像是消防队员救火一样，随时出现在班级管理的第一线。这样的管理开始比较有效，因为学生最怕的就是班主任亲自出马。班主任工作繁琐，但这种类型的班主任能在繁琐中体会乐趣。比较典型的有两种风格的班主

---

① 李伟胜：《逐步改进班级活动 提升班级管理境界》，载《教育科学研究》，2009 年第 11 期。

任:一曰"严"。学生见了,"怕"死。一曰"烦"。学生见了,"烦"死。这种管理方式以班级不出事为目标。它不仅给班主任带来沉重的负担,而且对培养主动精神、良好个性的学生也非常不利。

第二重境界——法治的管理。

班主任从接管班级开始,在班级原有经验和学习基础上,制定班级管理各种规章制度,用制度予以约束、保障班级成员行为。班级工作有章可循,学生日常行为有据可依。这种管理模式,要求班主任原则性强,坚持班级规章制度面前一律平等。否则,规章制度逐渐会变成一纸空文,最终导致制度崩溃。

第三重境界——文化的管理。

班主任在管理上着重创设和谐的、积极向上的氛围,在此基础上对学生进行人文教育。创建自己的班级文化,让积极遵守纪律、顾全大局的精神融入到学生的生命之中。班级工作坚持以学生为主体,让学生成为管理自己的主人。学生自发自觉完成各项学习任务,对自己的未来有明确的发展方向,并向着自己的目标前进。学生对自己的班级有强烈的自豪感、归属感和使命感。

三种不同境界的划分,只是为分析方便起见作出的区分,实际工作中未必会有这样泾渭分明的差异。重要的是认识三种境界的长短,完善班级管理工作。但是,我们也的确认为,从人治的管理到文化的管理,的确存在管理境界愈来愈高的区别。

第三节 班级变革

班级管理的目标、内容与形式,从根本上说,是一个时代社会政治、经济与文化发展在班级组织运作中的折射,必然也会随社会发展出现变革要求。班级工作必须服从学校教育整体目标,服从人才培养基本要求。当新时代到来,呼唤"新人"的时候,班级变革就成为不可避免的事情。

一、班级病理及其诱因

班级病理,是隐喻班级作为一个机体自身出现了违背其育人功能的运作方式与其他表现。日本学者把班级病理严重的情况,称之为"班级崩溃"。

班级崩溃现象始于20世纪80年代的日本小学,到20世纪90年代初,这种现象已十分严重。据韩国《东亚日报》2006年12月16日报道,韩国也出现了这种现象,成为韩国教育界突出的学校病理现象和严重的社会问题。

日本学者尾木直树认为,班级崩溃大体上指的是如下状态:(1)班主任进入教室以后,教室里还人声嘈杂,学生不停地窃窃私语,即使老师提请学生注意,他们置若罔闻;(2)有的学生不坐在座位上。更有甚者,有一半左右的学生走到教室外面去,还有人向老师口吐脏话,或者施以暴力,根本无法上课。① 班级崩溃的外在表现是多种多样的,低年级的班级崩溃主要是学生伴随事态的混乱而频繁发生一些小型暴力;或者由于缺乏自制力、交往能力、基本生活习惯或情绪不稳定而发生一些无意识的捣乱行为;或者由于期望得到教师照顾而出现撒娇行为等。② 高年级班级崩溃有多种类型,如由于对教师怀有不满情绪,以集团形式向教师施以欺侮行为;恶语相加,挑战教师权威,借此发泄不满;或跑出教室逃避学习,以至于"授课不成立"。③

韩国"班级崩溃"现象基本与日本大同小异。教师在教室里失去权威,学生捣乱,干扰课堂秩序,辱骂老师甚至对老师动粗现象屡见不鲜。韩国小学班级崩溃现象十分严重,据《东亚日报》与韩国教员团体总联合会对全国 705 名教师进行的问卷调查显示,每 10 名教师中就有 4 名老师曾被学生谩骂或殴打。目睹同事被殴打或听到同事被辱骂的教师更多,高达 62.3%。④ 有教师说,实际上针对教师的言语暴力在中、小学校园已成为普遍现象。例如一名小学教师在教训学生时,被学生骂道:"你给我闭嘴!"

"班级崩溃"现象让教师权威丧失殆尽。一些教师对此还逆来顺受,称"已经习惯了学生骂老师"。教师们为了避免"惹祸上身",上课时也不会叫醒睡觉的学生。学生们变成了"逃学威龙",他们叛逆、反抗,不服管教,甚至公然辱骂教师,正常授课没法进行,更别说进行教育。身处这种恶劣环境当中,教师们难以拿出令人满意的教育成果。⑤ 班级崩溃现象成为韩国教育界突出的学校病理现象,也是严重的社会问题之一。

教育病理是教育研究者借鉴医学病理现象提出的概念,简言之,是"在教育过程中

---

① [日]尾木直树:《了解班级崩溃现象的实态及其论争点的基础知识》,载《文艺春秋·日本的论点 2000》,文艺春秋株式会社 1999 年版。
② [日]河上亮一:《班级崩溃的原因在于自由化、个性化的教育,靠教育的强制力来矫正吧!》,载《文艺春秋·日本的论点 2000》,文艺春秋株式会社 1999 年版。
③ [日]高桥史朗:《"班级崩溃"的背景与课题——学校教育范式的转换》,载《教育学研究》,2000 年第 3 期。
④ [韩]《东亚日报》,2006 年 12 月 16 日。
⑤ 《环球时报》,2006 年 12 月 18 日第 5 版。

出现的偏移失调状态,即是教育内部和外部的异常条件使教育职能的实现受到严重障碍(教育功能障碍),结果派生出许多种脱逸行为的过程"①。像这样,由于班级组织系统内外的异常因素,引起班级组织功能障碍,使班级组织偏离正常发展模式的一种失调状态,我们统称为班级病理。

班级学生问题。班级是促进学生发展的教育单位,然而,如果班级发生病理现象,学生的思想品德、学业成绩、心理表现都会出现不同程度的危害。诸如,学生普遍缺乏关心他人、文明进取等方面品质;有些学生纪律涣散,自控能力差,学习自觉性不高;告状声不绝于耳,同学间矛盾四起;班级内小团体现象严重,派别林立,与教师分庭抗礼;学生感觉自己被抛弃,没有得到大家的重视和认可,游离于班级之外,只能通过惹是生非,甚至自暴自弃方式获取关注。这些都是班级病理的重要表现。

美国在20世纪60年代晚期70年代早期,注重心理咨询疗法运用于班级管理,关注的是班级氛围和教学风格对学生心理的影响。其代表人物之一就是鲁道夫·德雷克斯(R. Dreikurs)。他主张建设一种民主的班级生活氛围和教学风格,帮助学生获得归属感,识别并处理学生由于归属感得不到满足而给自己设立的错误目标。

班规的局限性。班规是对班级成员有普遍指导与约束作用的行为规范,然而,班规对于学生的发展也并不总是起着积极作用的。适应学生发展需求的班规往往发挥着规范学生行为,培养学生良好习惯,促进班级管理规范化、制度化的积极作用,同时,不适应学生发展需求的班规则往往起着阻碍学生发展的作用,所以,衡量班规是否合理的重要标准就是看其是否适应了学生的发展需求。

现实班级管理中,有关班规,存在着种种问题。班规制订和执行不民主。缺乏民主的班规很难转化为学生的内在需求,学生很难自觉遵守班规,班主任更多强迫学生执行。这造成了学生的被动状况和逆反心理,限制了班规作用的发挥。只有学生真正从内心接受和认可班规,才能充分地发挥其指导约束作用。从班规的内容来看,班规缺乏层次性、针对性和阶段性。很多班规的内容只是规定了要做什么,不要做什么,禁止性规定过多,这反映出教师制订班规的前提是假设学生存在违反这些规定的倾向,需要提前防范。教师对学生的警惕防范心理会潜移默化地传递给学生,造成师生间或明或暗的对立,导致师生关系的不和谐。然而,禁止性班规的重点是纠正学生的错误

---

① [日]大桥薰:《现代教育的病理》,载张人杰主编:《国外教育社会学基本文选》,华东师范大学出版社1989年版,第485—505页。

行为,班规的作用远远不止这些。从其作用而言,班规还应有提倡和鼓励作用。制订班规的出发点永远是如何促进全班学生的发展,因此,如何制订出适应全班学生发展需求的班规永远应该成为班主任的根本出发点。学生发展的不同阶段要有不同的班规,针对学生发展的不同层次也要有相应的班规,班规永远针对的是具体某一阶段班级学生的发展需求,学生的发展需求变了,班规就要跟着变化。过分依赖班规,注重约束学生是有问题的,要通过思想教育、心理疏导等手段增强学生的内在约束力,将有利于学生成长。

班规的制订最终还是为了促进学生的发展。当班规不再起到促进学生发展的作用,甚至起到了负面作用,那就说明班规自身的合理性就要值得怀疑了。"对学生的某种违规行为,惩罚是否有效,取决于这些惩罚是否足以引起违规者的羞耻感。如果他不以此为耻,那么他对这种惩罚便仿佛'刀枪不入'。惩罚的滥用可使屡受惩罚的学生'脸皮越来越厚',羞耻感趋于淡化。"同样,对于奖励而言也是这样,"奖励的成效取决于它是否激起获奖者的荣誉感"。"奖励运用不当,既可能淡化学生的荣誉感,还可能刺激某些学生的虚荣心,又可能使屡获奖励的学生,在一般同学中'光荣地孤立'。"① 班规的异化作用也表现在学生的反抗行为上。如果学生屡屡出现"反抗行为",教师就应该反思班级规范的合理性。

组织建设中的消极现象。陈桂生教授揭示了班集体建设中的消极影响。② 他认为,学校是一个"小社会",班级是这个小社会中的"更小的社会"。这个小社会对于学生的意义,丝毫不亚于每个机关、企业、事业单位之于成年人的意义。然而,班级既可能促进学生发展,又可能压抑学生发展。所以,班集体建设存在着功能健全与不健全之分。"'健全的学生组织'至少是名副其实的学生组织,即学生自我管理、自我监督的组织。这种组织叫做'学生自治'也好,叫做'学生民主管理'也好,都不甚重要,重要的是多数学生能在其中行使民主权利,履行应尽的义务。当前,学生干部越来越成为班主任的附庸。强一点的成为班主任的'助手',弱一点的,成为班主任的'传声筒'。干部始终是干部,成为老干部,养成了干部作风。"因此,有学者质疑,缺乏民主气息的学生组织对学生生活的影响,更严重的还在于如果每个人在其学生时代就习惯于眼光向上,习惯于"当官",习惯于对集体冷漠,习惯于站在集体的对立面,习惯于"假民主",他

---

① 陈桂生:《"学生行为管理"引论》,载《华东师范大学学报》(教育科学版),2007年第1期。
② 陈桂生:《漫话"学生组织自我管理"》,载《河南教育》,2001年第7期。

们长大以后将成为怎样的公民?

此外,班级出现的非正式组织也是班级病理产生的诱因之一。

班级非正式组织可划分为四类:(1)志趣相投型。这一群体中的学生往往具有共同的兴趣、爱好,有一定的共同语言。比如,他们都对文学、艺术或者体育感兴趣。(2)共同进步型。这部分学生往往是学业成绩、思想品德、行为习惯都比较好,即全面发展,常常是老师的"宠儿",是班级中的"明星",群体内部是竞争对手,亦是好友。(3)同病相怜型。这部分学生由于家庭背景或自身原因,如单亲家庭子女、隔代抚养、有心理生理缺陷、家境贫寒等因素,性格上孤独、失落甚至自闭,自然而然地走到一起,有一种惺惺相惜、同病相怜之情。(4)被人遗忘型。这一群体中的学生一般是那些学业差、品行不端者。他们经常调皮捣蛋、作业拖拉、成绩不好,被视为"不受欢迎者"。灰色的心情、破罐子破摔是他们的共性。

很多班主任没有正视学生非正式组织,往往采取简单应对方式。这样,等到问题爆发时才处理,就会造成班级病理现象,甚至导致班级崩溃,从而产生不必要的麻烦或损失。

二、班级变革的基本思路

不管是学生问题、班规问题、班级组织建设问题,还是班主任生存状态问题,其核心都落到班级管理与学生发展关系上。学生发展是班级管理的根本出发点,也是最终落脚点。这不仅仅是理论诉求,更是班主任改善其生存状态的必然之路。叶澜教授阐述以"成事"与"成人"的关系概括班级变革的基本思路。

叶澜教授认为:"在一定意义上可以说,管理就是处理好一系列关系的过程。学校管理中一系列关系的聚焦点,就是'人'与'事'的关系。其他的一系列关系,都是这一关系在学校领导与管理过程中的展开。"由此,她认为:"'成人'与'成事'是学校管理,尤其是学校转型过程中的领导与管理者必须追求的价值,是学校管理价值观和学校转型时期管理价值观的特殊性的共同体现。"[①]这一观点同样适用于班级管理,班级管理也是"成人"和"成事"的统一。

在传统管理中,人被当作成事的手段,管理之术成为"驭人之术"。班级病理中的

---

① 叶澜著:《"新基础教育"论——关于当代中国学校变革的探究与认识》,教育科学出版社2006年9月版,第336、337页。

种种表现正是"成事"与"成人"对立的突出表现。班级成了学生对立面的组织,而不是成就自己的组织。

因此,班级变革,关键就是要处理好这样两对关系。把"成人"扔在一旁谋求"成事",或者借口"成人"而忽略"成事",或者认为"成人"就是"成人","成事"只是"成事",把两者割裂开来,都是班级建设、班级变革需要避免的思想方法。班级工作,其核心在"成人",不仅帮助、推动学生"成人",教师也应在通过帮助、推动学生"成人"的过程中,实现教师自身"成人",成为更加完善的人,成为能充分体验教育生涯快乐的人。但是,班级工作中实现"成人"目标,又非可以凭空实现,它要通过一件一件细小、碎屑的班级工作,日复一日不断累积,是一个从量变到质变的过程。人在"事"中历练,"事"在人的努力下"完善","成人"与"成事"就这样相互依赖、相辅相成。

终身学习背景下的学校班级建设,还应该始终坚持将学生推到班级建设前沿,使他们成为班级变革的主体。班主任应该淡化管理者角色,增强指导者功能、协作者色彩,与学生结成相互信任、支持的伙伴关系,应该在主动参与班级建设与变革过程中,造就具有主动性与创造性的新时代学生。

三、当代班级变革

当代班级变革,需要从以下几方面寻求工作突破点。

第一,促进学生发展,这是当代班级变革最突出的表现。

班主任工作要确立学生立场。这是当代班级变革的基本出发点。学生立场的确立,意味着承认学生在班级建设中不可缺失的地位,是班级建设主体之一,并且在自主参与班级建设的实践中获得发展。班主任只有与学生共同努力,才可能推动班级建设。无论是在班级日常工作,还是主题教育中,都不要单纯将学生视为管束、训导的对象,而要与学生们一起面对班级问题,一起思考、探索班级建设的新思路、新策略。学生立场的确立,还意味着要尊重学生成长的特殊性。班主任在参与班级建设的过程中,要允许学生出问题,要在学生参与班级建设中发现其成长可能,要以班主任个体的力量和班级群体的力量推动群体学生与个体学生的发展。确立学生立场,就应将班级学生现状视为班主任工作的起点,将学生当前的认知、情感、思维方式、行为方式作为教育活动的基础,将促进学生成长视为工作的直接目标。[1]

---

[1] 李家成:《班主任工作需要有学生立场》,载《河南教育》,2007 年第 10 期。

第二，合理利用各种资源，开发其可能的教育价值。

首先，要挖掘班级内部各种资源的教育价值。在班级建设的内涵下，班级物质环境、制度建设、组织建设都蕴含着不同的教育价值。

正像在"班级病理及其诱因"一节中陈述的一样，不合理的班干部设置将会导致学生的不良发展。因此，班干部在班级建设中起什么作用，如何挖掘班干部的育人功能，是班级变革需要考虑的基本问题。杨小微教授认为："干部角色对学生成长具有重要的价值。学校和班级中的干部，是为同学服务的职位，是代表同学对班级进行自我管理，以组织者的身份将班级同学凝聚在一起、共同开展活动的角色。担任这一角色对学生具有发展价值。做过干部的学生，在自我意识、民主意识、能力发展、多重社会角色的形成与丰富等方面大都相对较强。这样的锻炼、发展机会，所有学生都有权获得。其次，学校中的干部不同于社会上的干部，不以能力为选拔标准，但以能力发展为目标之一。"[1]因此，在班级建设中实行干部轮换制，不仅能打破传统班干部设置"管理为重"的格局，还能营造更民主的班级文化，为更多学生创造锻炼、发展的机会。

关于校外生活的教育内涵，杨小微教授认为："学生在家庭生活中的地位、角色以及生活空间的丰富性与自由度，对学生自尊与自信等社会性品质及性别角色意识的形成，对其独立生活、自主发展意识和能力的养成都至关重要；自觉有效的社区环境对学生的成长意味着'安全'、'健康'、'和谐'，而自发的社区环境则是积极和消极作用兼有的'双刃剑'；学生个体生活自主性最强、选择性最大，是未成年期的'闲暇'，如何充分利用这一重要的成长资源，是值得当今教育重点关注的问题。"[2]因此，承担着育人功能的学校，在培育学校这个育人的文化"内环境"同时，也需要通过有意识地介入、影响和营造社区这个文化"外环境"，使其成为有利于学生成长的具有教育价值的理想环境。

第三，提升学生学校生活的品质，这是班级变革追求的实践目标。

班级中，学生有什么样的生活，他就成为什么样的人。因此，学生在班级的生活品质，应该是班主任在班级建设实践中追求的重要目标。班主任不能仅仅局限于从实现教学目标，尤其是学生考试成绩提高目标来思考班级建设，应该充分认识学生发展的多方面性，在终身教育与全人教育思想下，为学生营造良好的班级生活氛围，提升学生

---

[1] 杨小微主编：《教育学基础》，华东师范大学出版社2010年版，第236—240页。
[2] 杨小微：《解读学生校外生活的教育内涵》，载《教育学报》，2006年第6期。

学校生活品质。

分析与应用

一、进行班级变革的根本原因是什么？请试作分析。

二、引起班级病理现象的诱因有哪些？如何避免这种病理现象的危害？

三、结合具体案例，分析如何在班级建设过程中，做到"成人"与"成事"的有机统一。

四、结合班级中出现的一个"非正式组织"现象，谈谈如何正确对待班级中的"非正式组织"。

参考书目

一、参考著作
（以书名的首字母排序）

1. ［法］卢梭著,李平沤译:《爱弥儿》,商务印书馆1978年版。
2. ［捷］夸美纽斯著,傅任敢译:《大教学论》,教育科学出版社1999年版。
3. ［美］科尔伯格著,魏贤超等译:《道德教育的哲学》,浙江教育出版社2000年版。
4. ［美］霍华德·加德纳著,沈致隆译:《多元智力》,新华出版社1999年版。
5. ［德］尤尔根·哈贝马斯著,沈清楷译:《对话伦理学与真理问题》,中国人民大学出版社2005年版。
6. 刘电芝主编:《儿童发展与教育心理学》,人民教育出版社2006年版。
7. ［美］约翰·W·桑特洛克著,桑标等译:《儿童发展》(第11版),上海人民出版社2009年版。
8. ［瑞士］皮亚杰著,王宪佃等译:《发生认识论原理》,商务印书馆1981年版。
9. ［瑞士］Torsten Husen等主编,江山野编译:《国际教育大百科全书·课程》,教育科学出版社1991年版。
10. 张人杰主编:《国外教育社会学基本文选》,华东师范大学出版社1989年版。
11. 张法琨选编:《古希腊教育论著选》,人民教育出版社2007年版。
12. ［美］小威廉姆·E·多尔著,王红宇译:《后现代课程观》,教育科学出版社2000年版。
13. 江山野编译:《简明国际教育百科全书·教育测量与评价》,教育科学出版社1991年版。
14. 贾馥茗著:《教育的本质——什么是真正的教育》(第2版),世界图书出版公司北京公司2006年版。
15. ［英］洛克著,傅任敢译:《教育漫话》,教育科学出版社1999年版。

16. 国际 21 世纪教育委员会报告,联合国教科文组织总部中文科译:《教育——财富蕴藏其中》,教育科学出版社 1996 年版。
17. 陈桂生著:《教育原理》(第二版),华东师范大学出版社 2000 年版。
18. 叶澜著:《教育概论》,人民教育出版社 2006 年版。
19. 杨小微主编:《教育学基础》,华东师范大学出版社 2010 年版。
20. 赵中建编:《教育的使命——面向二十一世纪的教育宣言和行动纲领》,教育科学出版社 2002 年版。
21. 孟宪承编:《教育概论》,商务印书馆 1933 年版。
22. 郑金洲著:《教育文化学》,人民教育出版社 2000 年版。
23. 石中英著:《教育学的文化性格》,山西教育出版社 2005 年版。
24. 陈桂生著:《教育学视界辨析》,华东师范大学出版社 1997 年版。
25. 瞿葆奎主编:《教育学文集·教育与社会发展》,人民教育出版社 1993 年版。
26. 瞿葆奎主编:《教育学文集·德育》,人民教育出版社 1989 年版。
27. 瞿葆奎主编,马骥雄选编:《教育学文集·美国教育改革》,人民教育出版社 1990 年版。
28. 瞿葆奎主编:《教育学文集·教师》,人民教育出版社 1991 年版。
29. 瞿葆奎主编:《教育学文集·智育》,人民教育出版社 1993 年版。
30. 瞿葆奎主编:《教育学文集·课程与教材(上)》,人民教育出版社 1993 年版。
31. 教育部师范司组织编写:《教师专业的理论与实践》(修订版),人民教育出版社 2003 年版。
32. 张春兴著:《教育心理学——三化取向的理论与实践》,浙江教育出版社 1998 年版。
33. [美]查尔斯·赫梅尔著,王静等译:《今日的教育为了明日的世界》,中国对外翻译出版公司出版 1983 年版。
34. 崔相录编著:《今日发达国家教育改革导论》,教育科学出版社 1992 年版。
35. 舒新城著:《近代中国教育思想史》,福建教育出版社 2007 年版。
36. 教育部:《基础教育课程改革纲要》(试行),2001 年版。
37. 叶澜等著:《教师角色与教师发展新探》,教育科学出版社 2002 年版。
38. 李其龙、陈永明主编:《教师教育课程的国际比较》,教育科学出版社 2002 年版。
39. 单中惠主编:《教师专业发展的国际比较》,教育科学出版社 2010 年版。

40. 杨小微、张天宝著：《教学论》，人民教育出版社2007年版。
41. 王策三著：《教学论稿》，人民教育出版社1985年版。
42. 李定仁、徐继存著：《教学论研究二十年(1979—1999)》，人民教育出版社2001年版。
43. [日]佐藤正夫著,钟启泉译：《教学论原理》，人民教育出版社1996年版。
44. [美]R·M·加涅等著,皮连生等译：《教学设计原理》，华东师范大学出版社1999年版。
45. 施良方著：《课程理论：课程的基础、原理与问题》，教育科学出版社1996年版。
46. [美]拉尔夫·泰勒著,施良方译：《课程与教学的基本原理》，人民教育出版社1994年版。
47. 廖哲勋著：《课程学》，华中师范大学出版社1991年版。
48. 陈侠著：《课程论》，人民教育出版社1989年版。
49. 丛维新著：《课程论问题》，教育科学出版社2000年版。
50. 张华著：《课程与教学论》，上海教育出版社2001年版。
51. 廖哲勋、田慧生主编：《课程新论》，教育科学出版社2003年版。
52. 罗厚辉著：《课程开发的理论基础》，山东教育出版社2002年版。
53. [美]艾伦·C·奥恩斯坦等著,柯森主译：《课程：基础、原理和问题》，江苏教育出版社2002年版。
54. 仟钟印选编：《夸美纽斯教育论著选》，人民教育出版社1990年版。
55. 杨树达译注：《论语译注》，中华书局1980年版。
56. 陈金华著：《伦理学与现实生活:应用伦理学引论》，复旦大学出版社2006年版。
57. [美]弗兰克·梯利著,何意译：《伦理学概论》，中国人民大学出版社1987年版。
58. [美]杜威著,王承绪译：《民主主义与教育》，人民教育出版社2001年版。
59. [德]赫尔巴特著,李其龙译：《普通教育学·教育学讲授纲要》，人民教育出版社1989年版。
60. 陈桂生著：《普通教育学纲要》，华东师范大学出版社2009年版。
61. [英]齐格蒙特·鲍曼著,郭国良等译：《全球化——人类的后果》，商务印书馆2001年版。
62. 赵中建编译：《全球教育发展研究热点——90年代来自联合国教科文组织的报告》，教育科学出版社2003年版。

63. 苏国勋等著:《全球化:文化冲突与共生》,社会科学文献出版社 2006 年版。
64. [美]约翰·布鲁德斯·华生著,李维译:《行为主义》,浙江教育出版社 1998 年版。
65. [美]西奥多·W·舒尔茨著,贾湛等译:《人力投资》,华夏出版社 1990 年版。
66. 陶行知著:《陶行知全集》(第一卷),四川教育出版社 1991 年版,
67. 施良方著:《学习论——学习心理学的理论与原理》,人民教育出版社 1994 年版。
68. 联合国教科文组织国际教育发展委员会编著,华东师范大学比较教育研究所译:《学会生存——教育世界的今天和明天》,教育科学出版社 1996 年版。
69. [美]杜威著,赵祥麟等译:《学校与社会·明日之学校》,人民教育出版社 2005 年版。
70. [美]丹尼尔·坦纳与劳雷尔·坦纳合著,崔允漷等译:《学校课程史》,教育科学出版社 2006 年版。
71. 王天一等编著:《外国教育史》,北京师范大学出版社 1993 年版。
72. 吴式颖主编:《外国教育史教程》,人民教育出版社 1999 年版。
73. 林崇德著:《我的心理学观——聚焦思维结构的智力理论》,商务印书馆 2008 年版。
74. [美]杜威著,姜文闵译:《我们怎样思维·经验与教育》,人民教育出版社 2005 年版。
75. 钟启泉编:《为了中华民族的复兴,为了每位学生的发展——〈基础教育课程改革纲要〉解读》,华东师范大学出版社 2001 年版。
76. 魏书生著:《魏书生与民主教育》,北京师范大学出版社 2006 年版。
77. [英]博伊德、金合著,任宝祥、吴元训主译:《西方教育史》,人民教育出版社 1985 年版。
78. [日]筑波大学教育学研究会编,钟启泉译:《现代教育学基础(中文修订版)》,上海教育出版社 2003 年版。
79. 陈永明主编:《现代教师论》,上海教育出版社 1999 年版。
80. 钟启泉著:《现代课程论(新版)》,华东师范大学出版社 2006 年版。
81. 吴亚萍等主编:《"新基础教育"发展性研究专题论文·案例集(下)——教师发展·学科教学》,中国轻工业出版社 2004 年版。
82. 叶澜著:《"新基础教育"论——关于当代中国学校变革的探究与认识》,教育科学出版社 2006 年版。

83. ［美］迈克尔·W·阿普尔著,黄忠敬译:《意识形态与课程》,华东师范大学出版社 2001 年版。
84. 《中华人民共和国未成年人保护法·总则》。
85. 钱穆著:《中国文化史导论》(修订本),商务印书馆 1994 年版。
86. 陈景磐编:《中国近代教育史》,人民教育出版社 1983 年版。
87. 周予同著:《中国现代教育史》,福建教育出版社 2007 年版。
88. 孙培青著:《中国教育史》(修订版),华东师范大学出版社 2000 年版。
89. 国务院信息化办公室:《中国信息化发展报告 2006》,中国电子工业出版社 2006 年版。
90. 课程教材研究所编:《综合课程论》,人民教育出版社 2003 年版。
91. 郝克明主编:《终身教育国际论坛报告集萃》,高等教育出版社 2005 年版。
92. 石中英著:《知识转型与教育改革》,教育科学出版社 2001 年版。
93. ［英］麦克·F·D·扬著,谢维和等译:《知识与控制——教育社会学新探》,华东师范大学出版社 2002 年版。

二、外文参考书

1. William H. Schubert, *Curriculum: Perfective, Paradigm, and Possibility*, [New York] Macmillan Publishing Company, 1986.
2. I. Goodlad, *Curriculum Inquiry*, McGraw-Hill, Inc. 1979.

跋

过了知天命之年，有些东西似乎并没有看淡，可见我是一个俗人。稍微有些不同的，是越来越看重自己的兴趣与选择。

这两年便开始埋头做一点自己喜欢的事。

为准备从事中小学教学的朋友，或者已是中小学教师的朋友写一本教育理论著作，是我的一个梦想。这样的著作，要有一定的理论涵养，也要通俗易懂。既要照顾理论自身体系性要求，又要有直接的实践指导价值。话说起来容易，实行起来非常难。

这是一个挑战。当我有机会接受挑战时，发现自己接受挑战的实力其实很弱。

从小学到初中、到高中，我前后辗转安徽、上海等地任教数学、语文、英语与美术音乐等好几个学科，在中小学摸爬滚打20多年。2008年9月，我从华东师范大学教育学系获得教育学原理专业博士学位，回到福建教育学院，开始讲授教育类本科"现代教育理论"与专科"教育学"两门基础课程。我一边授课一边研究，虽在不断吮吸其他学者的研究成果，但总在爬罗剔抉、兀兀耕耘，企望结合自己的教学对象，经营自己的授课体系。在这过程中，我调整着自己的授课框架、增删授课内容。讲义的雏形就这样渐渐地清晰起来。

整理这份讲义前期，我正在翻译英国伦敦大学教育学院大卫·霍普金斯教授的一本著作，这本著作现已由华东师范大学出版社出版。由于这层关系，我与华东师范大学出版社编辑刘荣飞先生有了较多接触。就在那本书付梓的时候，我们偶然聊到了这本当时尚在酝酿中的小册子。他鼓励我，让我试着写出来。恰巧由于他的原因，又有机会与华东师范大学出版社教育心理分社社长彭呈军先生有过一次时间不长的交谈，彭先生对我又以"有学术追求"的话激励。这些鼓励推着我跃跃欲试，鼓起勇气整理自己的讲义。眼前这本小册子，大体就是我自己所教的"现代教育理论"这门教育类本科生基础课程的讲义。作为一门课程的授课"讲义"，难免大量引用国内外其他学者的研究成果，这是否涉及目下大家关注的"学术腐败"问题？我个人坚持的判断标准有二：其一，引用别人成果要清楚交代出处，这是首要的。如果用了别人的研究成果，却只字不提自己的"引用",就存在这样的嫌疑。其二,引用目的是什么?是自己的立论依据,还是以"立论"出现?如果是前者,并无抄袭问题。如果是后者,恐怕就难脱干系。如果既是立论,又不注明出处,就一定是很恶劣的抄袭了。

教育理论表述,一向有"实然状态描述"与"应然状态阐发"的区别,只是有的人缺乏自觉意识。当然,实然状态描述未必能回避应然状态阐发的诱惑。而应然状态阐发,也不能没有实然状态描述的基础。但窃以为一位教育理论叙述者必须清楚:什么时候自己是在描述现实,什么时候自己只是在阐发主张。唯明白这一点,并尽力让读者也清楚这一点,非常重要。我告诫自己,切不可在阐发自己个人主张时,还言之凿凿地宣称这是"……规律(规则)"。因为,如果这样,实在是有意无意地欺骗读者,同时也会授笑柄于大方之家。

一本书,也许在一特定时空被当做"成果",在另一时空又可能成为自己不易洗刷的耻辱。所以,整理与写作本书过程中,我小心翼翼,如履如临。正所谓文章千古事,得失寸心知。然而,从另一方面说,要始终做到这一点,还非常艰巨。这本小册子能做到什么程度,有待读者诸君检验。

我们是希望读者看了这本书,能够理清对学校教育基本问题的认识,并能根据这种认识,养成自己教育、教学的基本技能。整本书,实际就是围绕学校教育基本问题展开,讨论学校教育的基本原理与方法。标题中所谓"现代",是我们讨论学校教育教学问题的视角。即我们从现代社会发展提供的物质文化基础上,运用现代社会的基本观念,运用现代教育学、心理学等学科研究新成果,从现代社会发展对"新人"的基本期待中,描述(我国大陆)学校教育的实际状况,阐发我们一些未必成熟的见解。

书中观点,读者诸君自有评判。就像我们不愿意简单搬别人著作用作教科书一样,我们也不愿读者不假思索地接受我们的观点。读者的批判,像一面镜子,可以照出我们的无知、浅薄与虚妄,但读者的思考,也可能更有活力地促进我们研究成果的转化,使这本小册子发挥更好的作用。我们期待读者参与。

有一点需要特别指出,本书第九章"班级与班级管理",是我学弟胡东坡硕士接受我邀请撰写的。为与全书体系一致,我对他的原稿作了较大幅度删减,也作了一些文字修饰。这种所谓"加工",可能会伤害东坡写作的整体结构,甚至也可能曲解他的意思。由于两人相隔太远,加上出版时间紧迫,来不及更多地听取他的意见,这是我要说明并向他表示歉意的。接受邀请时,东坡刚从华东师范大学教育学系硕士毕业,到四川广播电视大学任教。从离开上海到成都,东坡甫任新职,可谓人地两生,诸事繁杂。

但接受邀请后，他放下手中很多事情，挤出时间，不辞辛苦地搜集材料、整理文献，前后数易其稿，写出洋洋四万多字篇幅。我深知，这不仅表明他具有相当好的理论积蓄，对读者负责，也体现他对我本人极大的信任与支持。情到深处，我竟不知道如何表达对他的谢意。他的加盟，无疑使这本书更加完整，也更多一些亮色。

另外，"德育"一章本来也拟纳入书中，但是，在我们使用的教育类本科课程体系中，单独开设了"德育原理"一门课程，为避免重复，就不赘述了。

本书是为将要成为中小学教师的本科生写的，对有意更加理性地思考自己日常工作、提升自己工作主动性的中小学教师，可能也有一些参考价值。

最后，我要特别感谢福建教育学院函授教学部陈用宏主任，他的信任、耐心与期待，是我克服困难，尤其是克服自身水平局限的力量之源。没有他的鼓励与支持，不可能有这本小册子问世。

本书写作期间，我的太太程桢慧女士为我承揽了大量琐碎的家务，正准备高考的女儿也主动安排自己的复习与补习，她们的努力为我挡去了作为丈夫、作为父亲本应承担的"家庭义务"，在本书即将付印的时候，我也要向她们母女表达我由衷的谢意。

是为跋。

鲍道宏
2011年3月4日
于福州大梦山麓

图书在版编目(CIP)数据

现代教育理论:学校教育的原理与方法/鲍道宏著.
—上海:华东师范大学出版社,2011.5
ISBN 978-7-5617-8583-6

Ⅰ.①现… Ⅱ.①鲍… Ⅲ.①学校教育-研究
Ⅳ.①G4

中国版本图书馆 CIP 数据核字(2011)第 075146 号

现代教育理论
——学校教育的原理与方法

著　　者　鲍道宏

责任编辑　刘荣飞
审读编辑　沈桂芳
责任校对　邱红穗
装帧设计　卢晓红

出版发行　华东师范大学出版社
社　　址　上海市中山北路 3663 号　邮编 200062
网　　址　www.ecnupress.com.cn
电　　话　021-60821666　行政传真 021-62572105
客服电话　021-62865537　门市(邮购)电话 021-62869887
地　　址　上海市中山北路 3663 号华东师范大学校内先锋路口
网　　店　http://ecnup.taobao.com/

印 刷 者　江苏省句容市排印厂
开　　本　787×1092　16 开
印　　张　11.75
字　　数　203 千字
版　　次　2011 年 6 月第 1 版
印　　次　2014 年 7 月第 4 次
印　　数　9 301—11 400
书　　号　ISBN 978-7-5617-8583-6/G·5062
定　　价　24.00 元

出 版 人　朱杰人

(如发现本版图书有印订质量问题,请寄回本社客服中心调换或电话 021-62865537 联系)